Natürlich Vegan! Veganes Kochbuch für Anfänger

150 vegane Rezepte für eine gesunde und ausgewogene Ernährung. Nachhaltiger Genuss ohne Fleisch! Inkl. großem Ratgeberteil und Ernährungsplan

Katharina Janssen, Sophia Fröhlich
Copyright © 2020 – Kitchen Champions
2. Auflage 2020
Alle Rechte vorbehalten
ISBN: 9798590970902

Inhaltsverzeichnis

Vorwort 10
Ihr kostenloses Geschenk! 12
Vegane Ernährung 13
    Zahlreiche gute Gründe für ein veganes Leben 13
        Vom Vegetarier zum Veganer 13
        Tierschutz – die Rechte der Schwächeren wahren 14
        „Gesundheit ist nicht alles, aber ohne Gesundheit ist alles nichts" 15
        Gesundheitliche Gründe: Arteriosklerose, Diabetes & Co. 16
        Verantwortung übernehmen für unsere Welt – vegan leben! 17
        Der Welthunger 17
    Ist eine vegane Ernährungsweise tatsächlich gesünder? 17
    Ganzheitliche, vollwertige Ernährung – was bedeutet das eigentlich? 19
    Essenzielle Nährstoffe im Rahmen der veganen Ernährung 19
        Omega-3-Fette 20
        Vitamin D 21
        Vitamin B2 22
        Kalzium 23
        Jod 23
        Zink 24
        Selen 24
        Eiweiße 24
        Eisen 26
        Vitamin B12 28
    Vegan Basics – so finden Sie die richtigen Ersatzprodukte 29
        Kochen und backen ohne Eier 29
        Gelatine ersetzen 31
        Milchprodukte im veganen Speiseplan ersetzen 31

„Milchbar-Drinks" 32

Nüsse einweichen 35

Wertvolle pflanzliche Eiweißquellen und Fette 36

Achtung, tierische Inhaltsstoffe! 37

Vegane Must-haves – clever einkaufen 38

Alles Soja? 40

    Tofu 40

    Seitan 41

    Lupinen-Filet 41

    Tempeh 41

Softe Cremes aus kernigem Ursprung 41

    Cashew-Mus 42

    Mandelmus 42

    Haselnuss-Mus 42

    Erdnussmus 42

Vegan kochen mit Freude – hilfreiche Alltagstipps 43

    Blitz-Rezept: Schokoladenglasur vegan, rasch selbstgemacht! 43

    Milchprodukte tauschen! 43

    Kleine Backtipps für feine Teige 44

    Grundrezept – vegane Majo 45

Vegan – es geht nicht um Verzicht, sondern um Gewinn 46

    Ein größeres Bewusstsein schafft Existenz 46

    Unser Ernährungsverhalten beeinflusst das Klima dieser Erde 47

Hinweis zu den Rezepten 49

Nährwertangaben und Abkürzungen 50

    Kurze Erklärung zu den entsprechenden Abkürzungen: 50

Frühstück 51

    1. Leckere Früchtchen mit frischem Grießbrei 52

    2. Himmlische Pfannkuchen mit Bananen 53

    3. Veganes Frühstücksbrot 54

    4. Frische marmorierte Waffeln 55

    5. Perfect-Day-Müsli 56

    6. Winterliches Frühstück 57

    7. Superfood-Frühstück 58

    8. Karibischer Traum 59

    9. Energy-Müsli 60

    10. Asiatisches Frühstück 61

    11. Selbstgemachtes Frucht-Porridge 62

    12. Overnight-Oats „Vegan Style" 63

    13. Hot-Berry-Frühstück 64

    14. Green Breakfast mit Avocado 65

    15. Superfood-Energie-Riegel 66

Hauptgerichte 67

    16. Weißer Spargel an einem exotischen Frucht-Spiegel 68

    17. Veganer Tofu-Topf mit Süßkartoffeln 69

    18. Mediterrane Kräuter-Kartoffeln 70

    19. American-Potatos 71

    20. Orientalisches Kartoffel-Püree 72

    21. Französisches Ratatouille 73

    22. Pilz-Lasagne 74

    23. Frühlingshafter Reis 75

    24. Indischer Erbsen-Reis 76

    25. Tofu im Kräuter-Mantel 77

    26. Focaccia „Bella Italia" 78

    27. Leichtes Frühlingsgericht mit Kräuter-Dip 79

    28. Cremiger Wirsing mit Zitronen-Tofu 80

    29. Vegane Spaghetti-Variation 81

    30. Würzige Avocado-Penne 82

Desserts und Gebäck 83

    31. Fruchtige Pancakes nach American Style 84

    32. Coconut-Berry-Traum 85

33. Veganes Tiramisu 86
34. Exotische Creme mit Mango 87
35. Süße Verführung 88
36. Schokoladen-Brownie-Traum 89
37. Easy Cookies mit Mandeln 90
38. Erfrischendes Sorbet mit einer Citrus-Note 91
39. Karibische Panna-Cotta 92
40. Vegane Schoko-Mousse 93
41. Power-Balls 94
42. Veganer Käsekuchen 95
43. Fruchtiger Erdbeer-Blechkuchen 96
44. Erfrischendes Coconut-Ice 97
45. Beeren-Crumble 98
46. Fruchtiger Cheesecake to go 99
47. Buntes Superfood-Dessert 100
48. Süße Beeren-Schnitten 101
49. Soft-Cookies mit Cranberrys 102
50. Einfacher Nuss-Crunch für zwischendurch 103

Für die Arbeit/Studium (to go) 104
51. Summer-Feeling Salat 105
52. Fruchtiger Reissalat mit orientalischer Note 106
53. Fruchtiger Avocado-Salat – „Immun-Booster" 107
54. Italienische Paprika-Auberginen-Rolle 108
55. Spanische Tofu-Spieße 109
56. Veganer Gemüse-Burger 110
57. Sizilianischer Brotsalat 111
58. Nudelsalat „American-Style" 112
59. Gemüse-Linsensalat 113
60. Couscous-Zucchini-Salat 114
61. Orientalische Pita 115
62. Asia Fingerfood to go 116

63. Kartoffelsalat nach „Veggie Art"...117

64. Herbstlicher Kürbissalat...118

65. Kräuter-Wedges aus Süßkartoffeln..119

Blitzrezepte **120**

66. Veganer Schoko-Joghurt „Greek Style"......................................121

67. Vegane Nuss Power...122

68. Tomaten-Rucola Pita mit Walnüssen..123

69. Karotten Hummus...124

70. Kokos-Ananas Salat – ein sommerlicher Genuss.....................125

71. Rotkohl-Walnuss-Salat mit Granatapfel....................................126

72. Tofu-Carpaccio auf knackigem Gemüsebett............................127

73. Fresh Salad...128

74. Granola-Sommersalat..129

75. Buchweizenpasta mit Chili-Rucola Pesto..................................130

76. Auberginen-Kurkuma Salat...131

77. Balance-Salat mit Karotten...132

78. Kalifornische Avocado-Brote...133

79. Champignon-Salat..134

80. Marokkanischer Couscous mit Kurkuma-Creme.....................135

Smoothies und Getränke **136**

81. Joghurt-Cranberry Shake...137

82. Joghurt Avocado Smoothie..138

83. Mandel-Orangen-Smoothie..139

84. Bananen-Mango-Smoothie...140

85. Hafer-Himbeer-Smoothie..141

86. Pflaumen-Zimt Smoothie..142

87. Rote Beete-Kirsch-Smoothie...143

88. Zimt-Soja Latte..144

89. Veganer Power-Latte..145

90. Red Juice..146

91. Green Grapefruit Juice...147

92. Vanilla-Trauben-Drink 148
93. Kalorienreduzierter Vanille-Latte 149
94. Exotischer Sommer-Smoothie 150
95. Bananen Drink 151
96. Apfel-Smoothie mit Ingwer-Note 152
97. Nuss-Reisdrink 153
98. Chocolate-Coffee-Smoothie 154
99. Kiwi Limetten Saft 155
100. Pfefferminz-Soja-Smoothie 156
101. Vitaler Detox Shake 157
102. Chili-Melonen-Smoothie 158
103. Beerenfrüchte Shake 159
104. Rhabarbersaft mit Limette & Heidelbeeren 160
105. Kokos-Banane-Frappé mit Limetten-Note 161

Aufläufe und Gratins **162**
106. Überbackene Kräuter-Aubergine 163
107. Mediterraner Grünkohl-Auflauf 164
108. Sellerie-Kartoffelgratin 165
109. Veganes Nudelgratin 166
110. Romanesco-Topinambur Gratin 167
111. Green-Power Gratin 168
112. Pilz-Tofu-Quiche 169
113. Herbstlicher Kürbis-Auflauf 170
114. Spinat-Lasagne mit Kürbis 171
115. Auberginen Auflauf „Italia" 172
116. Überbackene Zucchini 173
117. Veggie-Strudel mit Tomaten 174
118. Pilz-Auflauf mit frischen Kartoffeln 175
119. Überbackener Blumenkohl 176
120. Sweet-Apple-Gratin 177

Suppen **178**

121. Kokos-Brokkoli Suppe 179
122. Kalte Avocado-Suppe für heiße Tage 180
123. Kürbissuppe mit Sanddorn 181
124. Sellerie-Karotten Suppe 182
125. Grünkohl-Suppe mit Nuss-Note 183
126. Vegane Pilzsuppe 184
127. Gemüsesuppe „Vegan-Power" 185
128. Brokkoli-Suppe „Bella Italia" 186
129. Würzig-scharfe Linsen Suppe 187
130. Japanische Pak Choi Suppe 188
131. Rote Linsensuppe 189
132. Fruchtige Kürbissuppe 190
133. Gazpacho – der spanische Klassiker 191
134. Spargel-Lauch Suppe 192
135. Indische Süßkartoffelsuppe 193

Aufstriche und Saucen 194
136. Fruchtige Barbecue-Sauce 195
137. Avocado Klassiker „Guacamole" 196
138. Würziger veganer Meerrettich-Dip 197
139. Würziger Rote-Bete-Dip 198
140. Asiatische Mayo 199
141. Orientalisches Pesto 200
142. Vegane Frischkäse-Variation 201
143. Schmackhafte Käsesauce 202
144. Griechische Tsatsiki-Variation „Vegan Style" 203
145. Frischer Knoblauch-Bohnen-Dip 204
146. Sommerlicher Brotaufstrich 205
147. Veganer Nussaufstrich mit Schokoladennote 206
148. Exotischer Fruchtaufstrich 207
149. Beeren-Aufstrich 208
150. Mediterraner Aufstrich 209

Abschließende Worte 210

BONUS: 14 Tage Ernährungsplan 211

BONUS: Rezeptvorlagen zum Ausfüllen 213

Weitere Kochbücher der Autorinnen 215

Notizen 222

Rechtliches 223

Vorwort

Liebe Leserinnen und Leser,
die richtige Ernährungsweise hat einen sehr positiven Einfluss auf die Gesundheit des Körpers und die allgemeine Fitness – das ist heutzutage mittlerweile hinreichend bekannt. Doch was muss konkret beachtet werden, damit der Körper auch bestens versorgt ist?
Es gibt so viele verschiedene Ansätze für ein gesünderes Essverhalten und zahlreiche Ernährungskonzepte. Doch zwei davon sind besonders hoch im Trend und das zu Recht, denn es stellt sich immer wieder heraus, dass sowohl eine kohlenhydratreduzierte als auch eine vegane Ernährung sehr positive Auswirkungen auf den Körper haben.

Gegenüber einer veganen Ernährungsweise gibt es aber sehr viele Vorteile: So heißt es immer wieder sie sei eintönig, kompliziert, teuer, einseitig und einfach nicht lecker. Doch nichts davon ist wahr! Die Vorteile einer rein pflanzlichen Ernährungsweise sind offensichtlich und heutzutage nicht mehr zu leugnen.
Weltweit überzeugen sich täglich zahlreiche selbstkritische Menschen davon. Sie beginnen ihre Ernährungsgewohnheiten zu hinterfragen und rigoros umzustellen. Auch als Veganer muss man heutzutage keinesfalls mehr auf Vielfalt und Genuss verzichten, denn im Grunde lässt sich so gut wie jedes Gericht „veganisieren". Pflanzliche Nahrungsmittel sowie Alternativen zu Eiern, Fleisch und Milchprodukten lassen sich fast überall preisgünstig kaufen.
Wer tierische Produkte in seiner täglichen Ernährung weglässt, leistet einen großen positiven Beitrag für die eigene Gesundheit, das Wohlbefinden und die Fitness. Grundlegend wichtig ist hierbei aber, auf eine Ausgewogenheit und Vielfalt zu achten, denn nur so kann der Organismus optimal mit allen essenziellen Nährstoffen versorgt werden.
Eine Ernährungsumstellung setzt immer eine ordentliche Portion Durchhaltevermögen und Geduld voraus, doch wer die richtigen Tipps und die passenden Rezepte an der Hand hat, weiß genau, was zu beachten ist.

In diesem Buch möchten wir Ihnen zeigen, wie unkompliziert und schnell Sie zahlreiche geschmackvolle vegane Gerichte zaubern können. Diese veganen Gerichte fördern nicht nur Ihre Gesundheit, sondern sind zudem auch noch ein optisches Highlight, denn bekanntlich isst das Auge mit.

In diesem Zusammenhang ist uns noch besonders wichtig, zu erwähnen, dass man kein Veganer sein muss, um immer wieder mal vegetarische

Gerichte in seinen individuellen Speiseplan zu integrieren. Daher möchten wir dieses Buch natürlich allen vegan lebenden Menschen widmen, doch insbesondere auch all jenen, die einfach Freude am frischen Kochen sowie am gesunden Essen haben.
Damit Sie bestens auf Ihren Einstieg in die vegane Ernährung vorbereitet sind, erhalten Sie hier alle wichtigen Hintergrundinformationen.

Für den Kauf dieses Buches haben wir für Sie noch ein kleines Dankeschön vorbereitet, nämlich einen **kostenlosen eBook-Ratgeber** zum Thema „gesunde Ernährung". Dieser Ratgeber ist die perfekte Ergänzung zu diesem Kochbuch. Seien Sie gerne gespannt und erfahren Sie im nächsten Kapitel mehr darüber.

Übrigens haben wir für Sie auch einen weiteren Bonus bereitgestellt: In diesem Buch finden Sie **Rezeptvorlagen**, in denen Sie Ihre eigenen Kreationen festhalten können. So haben Sie jederzeit Ihr absolutes Lieblingsrezept dabei.
Zudem finden Sie am Ende des Buches noch einen **14-tägigen Ernährungsplan**, der Sie bei den ersten Schritten in die vegane Ernährungsweise unterstützen und leiten soll. Eine ausführlichere Erklärung finden Sie in dem dafür vorgesehenen Kapitel.

Wir möchten Sie hier aber kurz an dieser Stelle einmal darauf hinweisen, dass Sie die Möglichkeit haben, uns bei Fragen, Anregungen, Lob und Kritik, eine E-Mail zu schreiben. Wir sind bemüht, Ihnen schnellstmöglich zu antworten. Wir danken Ihnen für Ihre Unterstützung!

So wünschen wir Ihnen nun viel Freude beim Lesen und natürlich ein gutes Gelingen beim Nachkochen der Rezepte! Lassen Sie es sich schmecken und bleiben Sie gesund!

Falls Sie auf der Suche nach weiteren Rezeptbüchern mit vielen wertvollen Informationen und neuen Rezepten sind, dann werfen Sie doch einmal einen Blick in das Kapitel „Weitere Kochbücher der Autorinnen" am Ende des Buches. Vielleicht ist ein passendes Buch für Sie dabei!

Ihr kostenloses Geschenk!

Wie versprochen, haben wir an dieser Stelle eine kleine Überraschung für Sie vorbereitet, nämlich einen **kostenlosen eBook-Ratgeber** zum Thema „gesunde Ernährung".

Klicken Sie einfach auf den folgenden Link (oder tippen Sie den Link in die Adresszeile Ihres Browsers ein) um direkt zum Ratgeber zu gelangen.

Sichern Sie sich jetzt Ihr kostenloses Geschenk: **www.zumBonus.de/b8**

Hinweis: Durch Eingabe des obenstehenden Links gelangen Sie zu unserer Webseite.

Eine gesunde Ernährung...
- fördert Ihr Wohlbefinden und steigert dadurch auch Ihre Lebensqualität
- verbessert Ihren Schlaf
- trägt zu einem reinen und strahlenden Hauterscheinungsbild bei
- schmeckt richtig köstlich
- trägt zu einem aktiven, fitten und glücklichen Leben bei!

Wir wünschen Ihnen viel Freude beim Lesen!

Vegane Ernährung

Bei der veganen Ernährung handelt es sich um eine strenge Form der vegetarischen Ernährung, doch die vegane Ernährungsweise geht noch einen Schritt weiter. Hier wird nämlich vollständig auf Nahrungsmittel verzichtet, die aus tierischen Quellen stammen. Im Vegetarismus sind – je nach Erscheinungsform Eier, Milchprodukte und manchmal sogar Fisch erlaubt. Im veganen Ernährungsplan sind diese Produkte vollkommen tabu.

Es werden sogar Zusatzstoffe und Lebensmittel abgelehnt, für deren Herstellungsprozesse tierische Bestandteile verwendet werden: Hierzu gehören zum Beispiel Fruchtzubereitungen oder Konfitüren. Vor allem Produkte mit einer intensiven Rotfärbung können den Farbstoff „Echtes Karmin" (E 120) enthalten, der aus Schildläusen gewonnen wird. In Süßigkeiten steckt häufig Gelatine, die aus dem Bindegewebe von Schweinen und Rindern gewonnen wird. Ebenso können sich in Schokolade tierische Rückstände verbergen: So sorgt die Ausscheidung der Lackschildlaus (Schellack) für den Glanz der Schokolade. Auch Honig, der von Bienen zur Aufzucht der Brut produziert wird, ist ein tierisches Produkt und somit im veganen Ernährungsplan nicht zu finden.

Wer vegan lebt, verzichtet nicht nur im Rahmen der täglichen Ernährung auf tierische Produkte, sondern nutzt auch im Alltag keine Gebrauchsgegenstände, die von Tieren stammen, so etwa Fell, Wolle oder Leder.

Veganer kochen und backen also ohne Eier, Sahne, Butter, Fleisch, Milch, Käse oder sonstige tierische Produkte. Hierzulande sind jedoch ganzjährig die unterschiedlichsten Nahrungsmittel erhältlich, die mit einem hohen Nähr- und Vitalstoffgehalt überzeugen. So ist eine ausgewogene und gesunde vegane Ernährung problemlos umsetzbar.

Besonders wichtig sind beim veganen Kochen die Auswahl der Zutaten sowie die Zusammensetzung der einzelnen Mahlzeiten. Auch ohne tierische Produkte muss eine bestmögliche Nährstoffversorgung sichergestellt werden, damit der Organismus einwandfrei seinen Funktionen und internen Vorgängen nachgehen kann.

Zahlreiche gute Gründe für ein veganes Leben...

Vom Vegetarier zum Veganer

Mehr als die Hälfte der heute vegan lebenden Menschen hat sich zuvor vegetarisch ernährt. Wer sich als Vegetarier jedoch tiefgehender mit der eigenen Ernährung auseinandersetzt, stellt fest, dass auch der Verzicht auf Fisch und Fleisch im Allgemeinen Tierleid und Tiertötungen impliziert.

Ähnlich wie wir Menschen, geben zum Beispiel auch Kühe nur Milch, wenn sie gekalbt haben. Nach der Geburt erhält das Kälbchen ungefähr acht Tage lang die Muttermilch, die sehr reich an wertvollen Abwehrstoffen ist. Anschließend wird das Kleine von der Mutter getrennt und auf Trockenvollmilch umgestellt. Die Stillperiode ist zu diesem Zeitpunkt aber noch längst nicht abgeschlossen.

Die Kuh gibt jetzt ihre maximale Milchleistung von bis zu 40 Litern pro Tag. Im besten Fall wird die Kuh nun nach zwei bis drei Monaten wieder trächtig, in einigen Fällen sogar durch künstliche Besamung. Dann nimmt die Milchleistung nach einigen Monaten auf ungefähr fünf bis zehn Liter ab, damit das Tier wichtige Energiereserven anlegen kann. Rund sechs Wochen vor der Geburt gibt sie überhaupt keine Milch mehr.

Wird die Kuh hingegen nicht erneut schwanger, kann sie auch bis zu zwei Jahre lang ihre volle Milchleistung halten. Während die Kuh also noch Milch für ihr Kälbchen produziert, wird sie also schon wieder „schwanger". Nach der zweiten und der dritten Geburt fließt die Milch noch ergiebiger. So kann eine Kuh auf das gesamte Jahr gerechnet, das 10- bis 20-fache ihres eigenen Körpergewichts an Milch abgeben. Für den Stoffwechsel ist das natürlich eine enorm hohe Belastung, vor allem kurz nach der Abkalbung. Nicht selten kommt es in dieser Periode bei den Tieren zu Euterinfektionen oder Stoffwechselerkrankungen.

Weibliche Kälber werden im Allgemeinen als Milchkühe ausgewählt, während männliche Kälber nicht selten gemästet und bereits nach sehr kurzer Zeit geschlachtet werden.

Ebenso müssen sich ungefähr 50 Millionen männliche Küken in unserem Land genau diesem Schicksal fügen: Sie sind für die Eierproduktion nutzlos und somit aus wirtschaftlicher Sicht unprofitabel. Aus diesem Grund werden sie direkt nach dem Schlüpfen vergast oder geschreddert.

Sobald Kühe nicht mehr ausreichend Milch geben und Hennen nicht mehr genügend Eier legen, lohnen sich die Tiere aus wirtschaftlichem Gesichtspunkt nicht mehr. Sie haben sozusagen ausgedient und werden getötet.

Tierschutz – die Rechte der Schwächeren wahren

Der Tierschutz ist einer der häufigsten Motive, die hinter einer Lebensweise stehen, die vollkommen auf Tierprodukte und Tierversuche verzichtet.

Vegetarisch und vegan lebende Menschen können und wollen das Töten und Schlachten von Tieren nicht mit sich selbst vereinbaren. Sie vertreten die Überzeugung, dass selbstverständlich auch Tiere Rechte haben: Der Mensch als der stärkere Part ist verpflichtet, Barmherzigkeit und Mitgefühl gegenüber den Schwächeren, den Tieren, zu zeigen. Somit treten für Veganer auch ethische Aspekte in den Vordergrund.

„Gesundheit ist nicht alles, aber ohne Gesundheit ist alles nichts"

Die bereits jetzt beunruhigend hohe Anzahl antibiotikaresistenter Keime wächst immer weiter. In nicht seltenen Fällen bewegt genau das immer mehr Menschen dazu, auf tierische Nahrungsmittel zu verzichten. Die Bekämpfung von Antibiotikaresistenzen ist ein gewichtiges Problem, da waren sich diverse Arzneimittelhersteller bereits auf der Weltgesundheitsversammlung im Mai des Jahres 2015 einig. Antibiotikaresistenzen bewirken, dass Infektionserkrankungen, die bislang gut behandelbar waren, nun nur noch sehr schwer oder überhaupt nicht mehr therapiert werden können. Solche Resistenzen sind der Grund für zahlreiche Todesfälle pro Jahr – und das weltweit!
Eine der Ursachen hierfür ist die Verwendung von Antibiotika in der Tierzucht.

Landwirte sind bereits seit Anfang des Jahres 2015 dazu verpflichtet, den Antibiotika-Einsatz an die Länder zu melden. Dennoch werden Arzneimittel in der Massentierhaltung auch heute noch kiloweise eingesetzt. So werden Antibiotika oftmals präventiv an die Tiere verfüttert, um die Ausbreitung von Erkrankungen zu verhindern, auch dann, wenn nur einzelne Tiere betroffen sind.

Bakterien verändern sich stetig und so kommt es schließlich dazu, dass sich – meistens nach dem Zufallsprinzip – bestimmte Widerstandskräfte gegenüber gewissen Antibiotika-Wirkstoffen entwickeln.

Wird dem Tier nun ein Antibiotikum verabreicht, so werden im Allgemeinen die meisten Krankheitserreger dadurch abgetötet: Die resistenten Bakterien bleiben hingegen bestehen, nutzen ihre Chance und breiten sich noch weiter aus. Sie können ihre Resistenzen sogar noch an andere Bakterien weitergeben.

So gelangen sie letztlich vom Tier in die Nahrungsmittel. Elf von zwanzig Hühnerfleisch-Proben wurden positiv auf antibiotikaresistente Keime getestet.

Gesundheitliche Gründe: Arteriosklerose, Diabetes & Co.
Auch viele weitere Gesundheitsaspekte spielen bei der Entscheidung für eine vegane Lebens- und Ernährungsweise eine zentrale Rolle. Und hier geht es nicht vordergründig um Nahrungsmittelintoleranzen und Allergien.
Die vegane Ernährung ist deutlich cholesterinärmer und kann somit das Entstehungsrisiko für Herz-Kreislauf-Krankheiten erheblich senken. Anstelle tierischer sowie gesättigter Fette werden deutlich mehr gesundheitsförderliche ungesättigte Fettsäuren sowie Ballaststoffe aufgenommen.
Auch das Risiko, an Diabetes zu erkranken, ist bei Veganern deutlich geringer, denn sie kämpfen viel seltener mit Übergewicht. Durch eine rein pflanzliche Ernährungsweise können zu hohe Blutfettwerte gesenkt werden und das hat allgemein sehr positive Effekte auf die Gesundheit und die Vitalität eines Menschen.

Einige Forschungsstudien gehen sogar davon aus, dass eine vegane Ernährungsweise das Krebsrisiko senken kann.

Des Weiteren konnte die These, dass die Knochen eines Menschen durch eine erhöhte Kalziumzufuhr gesünder sind, wissenschaftlich nicht belegt werden. Das bedeutet wiederum, dass es gar nicht notwendig ist, Kalzium in größeren Mengen über Nahrungsmittel tierischen Ursprungs aufzunehmen.

Im Übrigen erzählen zahlreiche Erfahrungsberichte von einer herrlichen Vitalität und Leichtigkeit, die eine vegane Lebens- und Ernährungsweise mit sich bringt. Der Körper ist voller Energie und Kraft. Veganer fühlen sich deutlich gesünder, physisch aktiver und fitter.
Es sollte jedoch darauf geachtet werden, sich jeden Tag mindestens eine halbe Stunde lang draußen in der frischen Natur zu bewegen, denn auf diese Weise kann eine optimale Versorgung mit dem lebensnotwendigen Vitamin D sichergestellt werden. Dieses wird zu rund 90 % über die Sonneneinstrahlung auf der Haut gebildet. Körperliche Bewegung hält das Herz-Kreislauf-System in Schwung und tut sogar der Seele richtig gut!

Eine ausgewogene und gesunde vegane Ernährung ist in der Lage, den menschlichen Körper mit allen lebenswichtigen Nähr- und Vitalstoffen zu versorgen. Eine Ausnahme ist in diesem Zusammenhang das Cobalamin, besser bekannt als Vitamin B12. Dieses findet sich nämlich hauptsächlich in tierischen Produkten und muss durch speziell angereicherte Nahrungsmittel oder durch geeignete Supplemente zugeführt werden.

Verantwortung übernehmen für unsere Welt – vegan leben!
Auch diverse Umweltaspekte können ein Beweggrund sein, sich für eine vegane Lebens- und Ernährungsform zu entscheiden. Aus einer Publikation der Welternährungsorganisation der Vereinten Nationen geht hervor, dass die landwirtschaftliche Tierhaltung für eine höhere Emission an Treibhausgasen sorgt als der gesamte globale Verkehr.
Des Weiteren müssen artenvielfältige (Regen-)Wälder großflächig gerodet werden, um weltweit Weideland für die Viehhaltung sowie Ackerflächen für den Anbau von Tierfuttermitteln zu schaffen.

In diesem Zusammenhang ist noch ein weiterer Aspekt zu bedenken: Die Tiere produzieren sehr große Güllemengen, deren Entsorgung oftmals zu einer Überdüngung der Felder führt: Infolgedessen verringert sich die Bodenfruchtbarkeit signifikant!

Sehr problematisch ist auch der gesteigerte Wasserverbrauch, der durch die Fleischproduktion resultiert. In nicht wenigen Fällen gelangt das Wasser, das in Mastbetrieben und auf Schlachthöfen verbraucht wird, in unser Grundwasser und verschmutzt dieses großflächig.

Der Welthunger
Tierschutz und die Wahrung der Tierrechte sind die wichtigsten Gründe für ein tierproduktfreies Leben. Doch auch der Hunger in der Welt spielt eine zentrale Rolle bei der Umstellung auf eine vegane Ernährung.
Die Nutztierhaltung verbraucht als Futtermittel jedes Jahr unzählige Tonnen an Getreide, Soja und Mais: Davon könnten sich sehr viele Menschen, die Hunger leiden, ernähren – und das sind weltweit rund 800 Millionen!

Ist eine vegane Ernährungsweise tatsächlich gesünder?
Grundsätzlich ist diese Fragestellung nicht ganz einfach zu beantworten. Das liegt zum Beispiel daran, dass die vegane Ernährung noch nicht so lange wissenschaftlich erforscht wird. Zudem ernähren sich Veganer nicht nur gesünder, sondern leben auch dementsprechend: Sie treiben mehr Sport, rauchen weniger oder überhaupt nicht und konsumieren auch seltener Alkohol, denn dieser ist ohnehin kein Bestandteil einer gesunden Ernährungsweise.

Laut der DGE, der Deutschen Gesellschaft für Ernährung haben Veganer somit ein deutlich geringeres Risiko an ernährungsbedingten Krankheiten zu erkranken: Dazu gehören in erster Linie Diabetes sowie ein zu hohes Körpergewicht.

Durch eine reine Pflanzenernährung können die Cholesterinwerte wieder in Balance gebracht werden, was wiederum das Risiko für Herzkrankheiten maßgeblich senkt. Eine vegane Ernährung kann sogar zur begleitenden Behandlung von Übergewicht, Diabetes oder Herzerkrankungen eingesetzt werden.

Für wen eine vegane Ernährung gut geeignet ist und für wen sie nicht wirklich empfehlenswert ist, ist individuell abhängig.

Hierbei sollten vor allem folgende Aspekte ausreichend Berücksichtigung finden:

- Eine pure vegane Ernährung ist vor allem bei Kindern unter Experten sehr umstritten und mit bestimmten Risiken verbunden. Wer sein eigenes Kind vegan ernähren möchte, sollte sich im Vorfeld sehr gut informieren und auch den behandelnden Haus- oder Kinderarzt um Rat fragen!

- Auch in der Schwangerschaft oder Stillzeit kann eine vegane Ernährungsweise mit bestimmten Risiken verbunden sein. Kommt es nämlich zu einem Nährstoffmangel, kann das dem ungeborenen Baby schaden.
  Auch in dieser Lebensphase sollte daher im Vorfeld unbedingt Rücksprache mit dem behandelnden Arzt beziehungsweise der Ärztin gehalten werden.

- Eine reine Pflanzenernährung beeinträchtigt die eigene Leistungsfähigkeit nicht! So ernähren sich auch viele Leistungssportler vegan und profitieren von den zahlreichen gesundheitlichen Vorteilen. Der amerikanische Profiboxer Mike Tyson geht hier mit gutem Beispiel voran.

- Veganer müssen – wie alle anderen Menschen auch – darauf achten, ausgewogen, vielseitig und bunt zu essen. Nur so kann eine optimale Nährstoffversorgung sichergestellt werden.

Ganzheitliche, vollwertige Ernährung – was bedeutet das eigentlich?

Hinter einer ganzheitlichen und vollwertigen Ernährung steht ein nachhaltiges, umfassendes Ernährungskonzept, bei dem zum einen die Gesundheitsaspekte im Fokus stehen und zum anderen ein fairer Handel sowie ein verantwortungsbewusster Konsum. Das schließt selbstverständlich auch eine artgerechte Tierhaltung mit ein. Ebenso werden umweltschonende Herstellungsverfahren, Genuss sowie eine hochwertige Nahrungsmittelqualität in den Vordergrund gerückt.

„Voll-Wert" bedeutet in diesem Zusammenhang, dass die Lebensmittel in einer solchen Art und Weise zubereitet werden, dass möglichst der ganze Nährstoffgehalt darin enthalten bleibt. Das wird zum Beispiel durch möglichst wenig Verarbeitungsschritte erzielt: Die Naturbelassenheit ist hier also von grundlegend wichtiger Bedeutung. Pflanzliche Frischkost – wie zum Beispiel Früchte, Nüsse, Gemüse oder Salat – hat im Rohzustand einen höheren gesundheitlichen Stellenwert und nimmt somit im Rahmen einer vollwertigen Ernährung einen wichtigen Rang ein.
Im naturbelassenen Zustand ist der Nährstoff- und Vitamingehalt am höchsten. Gleichzeitig steckt in diesen Nahrungsmitteln eine hohe Ballaststoffmenge, die die Darmwände reinigt und verdauungsfördernde Wirkungen hat.

Eine ganzheitliche und vollwertige Ernährung ist somit im wahrsten Sinne des Wortes zu verstehen, nämlich als eine Ernährungsweise „voller Werte". Demnach steht sie einer minder-wertigen Ernährung gegenüber, die all die gesundheitsförderlichen Effekte nicht leisten kann.

Essenzielle Nährstoffe im Rahmen der veganen Ernährung

Damit Veganer ihren Nährstoffbedarf optimal decken können, müssen sie sich ausgewogen und vor allem abwechslungsreich ernähren. Pflanzliche Nahrungsmittel enthalten jedoch im Vergleich zu tierischen Lebensmitteln einige essenziell wichtige Nährstoffe in einer deutlich geringeren Konzentration.
Hierzu gehören vor allem Omega-3-Fettsäuren, Eiweiße, Vitamin D, Vitamin B2, Zink, Kalzium, Selen, Eisen und Jod. Der wasserlösliche Mikronährstoff Vitamin B12 ist zudem nur in tierischen Lebensmitteln zu finden und kann von Pflanzen überhaupt nicht gebildet werden.

Ist der Organismus nicht ausreichend mit essenziellen sowie unterstützenden Nährstoffen, Mineralien und Spurenelementen versorgt, kommt es zu spezifischen Symptomen sowie Mangelerscheinungen.
Doch nicht jeder Veganer leidet automatisch an einem Nährstoffmangel. Durch eine gezielte Auswahl an veganen Nahrungsmitteln sowie eine durchdachte Mahlzeitenplanung, kann problemlos eine vegane Kost zusammengestellt werden, bei der es definitiv nicht zu einem Nährstoffdefizit kommt.
Des Weiteren sollte die Versorgung mit potenziell kritischen Nährstoffen mindestens alle sechs Monate ärztlich kontrolliert werden. Sie haben es also immer selbst in der Hand, ob eine vegane Ernährung ausgewogen oder eher ungesund ist.

Um Mangelerscheinungen zu vermeiden, sollten im Rahmen einer veganen Ernährungsweise folgende Punkte ausreichend Beachtung finden:

- Essen Sie abwechslungsreich, vollwertig, vielseitig und einfach ausgewogen!
- Bevorzugen Sie adäquate und wertvolle pflanzliche Nährstofflieferanten.
- Lassen Sie sich gegebenenfalls einen individuellen Ernährungsplan zusammenstellen.
- Achten Sie immer auf eine optimale Versorgung mit allen essenziellen Nährstoffen.
- Potenziell kritische Nährstoffwerte sollten mindestens einmal jährlich von Ihrem Arzt überprüft werden!

Wenn Sie sich vegan ernähren möchten, ist es sehr wichtig, bestens über die essenziellen Nährstoffe informiert zu sein. Nur auf diese Weise können Sie Mangelerscheinungen vorbeugen.
Im Folgenden stellen wir Ihnen diese essenziellen Nahrungskomponenten einmal näher vor und zeigen auf, welche Funktionen sie in Ihrem Körper erfüllen. Gleichzeitig zeigen wir Ihnen, in welchen Nahrungsmitteln Sie die einzelnen Nährstoffe finden und welche Mangelerscheinungen im Rahmen einer veganen Ernährung am häufigsten vorkommen können.

Omega-3-Fette
Omega-3-Fettsäuren gehören zu den essenziellen und zudem zu den mehrfach ungesättigten Fettsäuren. Der menschliche Körper kann diese lebensnotwendigen Fettsäuren nicht beziehungsweise nur in einem sehr geringen Umfang selbst synthetisieren. Zu den Hauptvertretern der Omega-3-

Fettsäuren gehören die Eicosapentaensäure (EPA), die Docosahexaensäure (DHA) sowie die Alpha-Linolensäure (ALA).
Insbesondere für den Erhalt einer gesunden Herz- und Gehirnfunktion sowie für die Sehkraft sind Omega-3-Fettsäuren von essenziell wichtiger Bedeutung.
So empfehlen die Gesundheitsexperten der Deutschen Gesellschaft für Ernährung (DGE) pro Tag 250 bis 300 Milligramm EPA und DHA aufzunehmen.

Eine großartige Quelle für diese so wichtigen Fettsäuren ist Fisch, doch dieses Nahrungsmittel ist im Rahmen der veganen Ernährung natürlich tabu! So kommt es immer wieder zu einer verminderten DHA- und EPA-Zufuhr und somit langfristig zu Mangelerscheinungen: Diese Mangelversorgung äußert sich durch diverse Beschwerden und Symptome so etwa durch eine Muskelschwäche, Zittern oder Sehstörungen.

Um solchen Mängeln effektiv vorzubeugen, müssen Veganer regelmäßig zu geeigneten wertvollen Pflanzenölen, Samen, Nüssen und mit Mikroalgen-Ölen angereicherten Nahrungsmitteln greifen.

Zu den Omega-3-reichen Nahrungsmitteln gehören beispielsweise:

- Walnussöl
- Rapsöl
- Distelöl
- Leinöl
- Soja-Öl
- Walnüsse
- Chiasamen
- Erdnüsse
- Leinsamen.

Vitamin D
Das sogenannte „Sonnenvitamin" gehört zur Gruppe der fettlöslichen Vitamine und übernimmt im menschlichen Körper viele verschiedene Aufgaben. Der Mikronährstoff ist für die Leistungsfähigkeit sowie für den allgemeinen Gesundheitszustand von sehr großer Bedeutung!
So trägt Vitamin D beispielsweise zu einer normalen Muskelfunktion bei und unterstützt auch den Erhalt der Knochengesundheit. Ebenso ist Vitamin D für eine reibungslose Funktionsweise des Immunsystems verantwortlich. Einen beträchtlichen Teil des täglichen Vitamin-D-Bedarfs kann

der Organismus über die Eigensynthese in der Haut – konkreter über die direkte Sonneneinstrahlung – abdecken.

Die Experten der DGE geben hier folgenden Referenzwert an: Pro Tag sollten Erwachsene und auch Kinder 20 Mikrogramm des Vitamins aufnehmen.
Nur sehr wenige Nahrungsmittel enthalten diesen fettlöslichen Mikronährstoff in nennenswerten Mengen und genau aus diesem Grund gilt Vitamin D – unabhängig von der gewählten Ernährungsweise – zu den potenziell kritischen Nährstoffen.

Den höchsten Vitamin-D-Gehalt weisen Lebensmittel tierischer Herkunft auf, so zum Beispiel Hering, Aal oder Lachs: Diese Nahrungsmittel fallen für vegan lebende Menschen jedoch weg!
Ist die körpereigene Vitamin-D-Synthese nicht ausreichend, kann es ratsam sein, auf geeignete Nahrungsergänzungsmittel wie zum Beispiel Vitamin-D-Kapseln zurückzugreifen.
Resultieren nämlich Mangelerscheinungen kann das für die Gesundheit sehr gefährlich werden: So kann es zu einer gestörten Knochenbildung, einer Entkalkung sowie einer Knochenerweichung kommen. Ob eine Supplementierung notwendig ist oder nicht, kann Ihnen Ihr Arzt in Ihrem individuellen Fall ganz genau beantworten.

In einem geringeren Maß können Sie eine Vitamin-D-Aufnahme auch über pflanzliche Nahrungsmittel erzielen, so etwa über Speisepilze wie Pfifferlinge oder Champignons.
Unterstützen Sie Ihren Körper im Rahmen einer veganen Ernährung besonders bei der Vitamin-D-Synthese und halten Sie sich so oft es geht in der freien Natur auf, um über die Haut möglichst viel Sonnenlicht aufzunehmen.

Tipp:
Vergessen Sie in diesem Zusammenhang aber bitte nicht, auf einen geeigneten Sonnenschutz zu achten!

Vitamin B2
Dieses Vitamin ist auch unter dem Namen „Riboflavin" bekannt und gehört zum wichtigen Vitamin-B-Komplex. Dieser Mikronährstoff spielt bei vielen Stoffwechselprozessen eine zentrale Rolle.
Abhängig vom Lebensalter wie auch vom Geschlecht liegen die Tageszufuhr-Empfehlungen der DGE zwischen 1,0 und 1,4 Milligramm Riboflavin.

Vitamin B2 findet sich in vielen verschiedenen Nahrungsmitteln, jedoch liegt dieser Mikronährstoff proteingebunden vor. Das bedeutet, dass Milchprodukte und Milch einen höheren Riboflavin-Gehalt aufweisen. Dennoch findet sich das Vitamin auch in pflanzlichen Nahrungsmitteln wie zum Beispiel in Nüssen, Vollkorngetreide, Öl-Samen oder Gemüsesorten wie Grünkohl und Brokkoli.

Dieses wasserlösliche Vitamin ist im Übrigen sehr lichtempfindlich: Das heißt, dass es bei einer falschen Lagerung der Lebensmittel zu Verlusten von bis zu 80 % kommen kann.
Ein Vitamin-B2-Mangel kommt in den Industrieländern heutzutage nur noch sehr selten vor und auch Veganer sind im Allgemeinen gut versorgt, vorausgesetzt, dass sie sich ausgewogen und vielseitig ernähren.

Kalzium
Mengenmäßig gesehen ist Kalzium der bedeutendste Mineralstoff für den menschlichen Organismus. Im Körper wird dieser Stoff insbesondere für den Erhalt gesunder Zähne und Knochen benötigt. Eine erwachsene Person sollte pro Tag 1000 Milligramm Kalzium aufnehmen.
Pflanzliche Nahrungsmittel haben leider nur einen geringen Kalziumgehalt. Des Weiteren wird die Aufnahme des Mineralstoffs in den Körper durch pflanzliche Hemmstoffe wie zum Beispiel Oxalsäure, Phytate oder Ballaststoffe beeinträchtigt.

So kann es immer wieder dazu kommen, dass Veganer mit Kalzium mangelversorgt sind. Um hier Mangelerscheinungen wie zum Beispiel eine Knochenentkalkung, Osteoporose oder Minderwuchs vorzubeugen sollte unbedingt zu folgenden veganen Nahrungsmitteln gegriffen werden:

- Dunkelgrüne Gemüsesorten
- Hülsenfrüchte
- Sojaprodukte
- Kalziumreiches Mineralwasser
- Nüsse.

Jod
Jod gehört zu den essenziell wichtigen Spurenelementen und ist ein sehr wichtiger Baustein für die Produktion der Schilddrüsenhormone. Eine ausreichende Jod-Bedarfsdeckung sicherzustellen ist gar nicht so einfach, denn wichtige Jod-Quellen wie zum Beispiel Seefische, Meerestiere, Milch

oder Milchprodukte sind kein Bestandteil des veganen Ernährungsplans.
Pro Tag sollte ein Erwachsener 200 Mikrogramm Jod aufnehmen.
Um hier eine ausreichende Versorgung zu erzielen, sollte bei der Mahlzeitenzubereitung unbedingt jodiertes und fluoridiertes Speisesalz verwendet werden. Gelegentlich können auch Meeresalgen wie zum Beispiel Nori Algen gegessen werden, die auch noch einen moderaten Jod-Gehalt enthalten.

Achten Sie aber bitte beim Kauf der Algen beziehungsweise der Algenprodukte darauf, dass der entsprechende Jodgehalt genau gekennzeichnet ist. Ebenso sollte die maximale Verzehrmenge angegeben sein. Ein zu hoher Jodverzehr – das heißt, ein solcher, der die empfohlene Tagesmenge von 1000 Mikrogramm überschreitet – kann laut dem Bundesinstitut für Risikobewertung (BfR) negative Auswirkungen auf die Gesundheit haben.

Zink

Hierbei handelt es sich um ein essenzielles Spurenelement, das an vielen verschiedenen körperinternen Vorgängen beteiligt ist. Die DGE empfiehlt pro Tag 7 bis 10 Milligramm Zink zuzuführen.
Nahrungsmittel wie zum Beispiel Vollkorngetreide, Öl-Samen, Nüsse und Hülsenfrüchte überzeugen mit einem hohen Zink-Gehalt. Problematisch kann die Zinkversorgung lediglich für Veganer werden, die sich kalorienarm ernähren und nur Salate, Obst und Gemüse verzehren.

Selen

Der Körper braucht Selen nur in Spuren: Dementsprechend gering sind auch die Zufuhrempfehlungen der Deutschen Gesellschaft für Ernährung: Erwachsene benötigen täglich zwischen 60 und 70 Mikrogramm Selen. Der konkrete Selengehalt pflanzlicher Nahrungsmittel ist sehr stark abhängig vom Anbaugebiet sowie von der Bodenbeschaffenheit.
Sehr gute Selenquellen sind zum Beispiel:

- Pilze
- Paranüsse
- Gemüse
- Hülsenfrüchte.

Eiweiße

Proteine sind der Grundbaustein aller Körperzellen und ebenso eine sehr wichtige Bausubstanz des Körpergewebes wie etwa der Sehnen, der Haut, der Haare, Nägel sowie der Muskulatur. Im ganzen menschlichen Körper stecken rund 80 % Proteine.

Eiweiße werden aus 20 unterschiedlichen Aminosäuren gebildet: Acht von ihnen gelten als sogenannte essenzielle Aminosäuren. Das bedeutet, dass der Körper sie nicht von alleine herstellen kann und sie dem Organismus zwingend über die Tagesmahlzeiten zugeführt werden müssen. Wissenschaftler sind sich bislang noch uneinig, ob die Aminosäure Histidin ebenfalls zu den essenziellen Aminosäuren gehört oder nicht. Die restlichen Aminosäuren kann der Körper selbst bilden.

Pflanzliche Eiweiße setzen sich aus anderen Aminosäuren zusammen als tierische und können somit nicht als gleichwertig angesehen werden. Die sogenannte biologische Wertigkeit gibt an, wie leicht und schnell der menschliche Organismus das Eiweiß aufnehmen und für sich verwerten kann.

Im Rahmen einer veganen Ernährungsweise ist es ratsam, unterschiedliche Proteinquellen miteinander zu kombinieren, um ein möglichst vollständiges Aminosäuren-Profil zu erhalten. Nur wenn alle essenziellen Aminosäuren vorhanden sind, kann der Organismus diese auch optimal aufnehmen.

Die Experten der DGE raten rund 0,8 Gramm Protein pro Kilogramm Körpergewicht aufzunehmen. Hierbei spielt es keine Rolle, ob man eine Frau oder ein Mann ist. Für eine Frau, die ungefähr 60 Kilogramm wiegt, würde das bedeuten, dass sie täglich zwischen 48 und 120 Gramm Eiweiß aufnehmen sollte.

Laut den Experten sollten ältere Menschen sogar noch mehr Eiweiß zuführen, nämlich zwischen 1,0 und 1,2 Gramm pro Kilogramm Körpergewicht. Bei einem 65-jährigen Menschen würde das mindestens 60 Gramm Protein pro Tag bedeuten. Mit fortschreitendem Lebensalter verschlechtert sich die Nährstoffverwertung und auch der Muskelaufbau funktioniert langsamer. Aus diesem Grund haben ältere Menschen einen höheren Proteinbedarf!

Auch nach einer akuten Erkrankung sollte auf eine optimale Eiweißversorgung geachtet werden, denn dadurch können sich rascher neue Körperzellen aufbauen. Auch Menschen, die vegan essen, jedoch effizient Muskeln aufbauen möchten, sollten zwischen 1,2 und 2 Gramm Protein pro Kilogramm Körpergewicht aufnehmen.

Achtung:
Eine Ausnahme von diesen Empfehlungen sind nierenkranke Personen. Sie sollten im Vorfeld unbedingt mit ihrem behandelnden Arzt Rücksprache halten, denn Proteine können in größeren Mengen die Nieren belasten. Wahre Eiweißbomben sind zum Beispiel einige Getreidearten, Nüsse und auch Hülsenfrüchte!

Genauer gesagt stecken Proteine in:

- Sojabohnen
- Kürbiskerne
- Sonnenblumenkerne
- Erdnüsse
- Mandeln
- Rote Linsen
- Chiasamen
- Leinsamen
- Quinoa
- Edamame
- Couscous
- Hirse
- Haferflocken
- Buchweizen.

Eisen

Dieses Spurenelement braucht der menschliche Körper beispielsweise für den Sauerstofftransport. Der individuelle Eisenbedarf ist von vielen verschiedenen Faktoren abhängig: So brauchen zum Beispiel schwangere Frauen 30 Milligramm pro Tag. Junge Frauen und Sportler benötigen hingegen 15 Milligramm täglich. Kinder und Senioren haben einen noch geringeren Eisenbedarf, nämlich 10 Milligramm pro Tag.
Bestimmte Erkrankungen wie zum Beispiel eine chronische Herzschwäche, Gastritis oder auch eine Glutenunverträglichkeit können die Eisenaufnahme behindern. Hier greift ein spezieller körpereigener Mechanismus, der die Eisenaufnahme durch den Darm hemmt.

Ein gesunder Mensch nimmt tatsächlich lediglich 5 bis 15 % des Eisens aus der täglichen Nahrung auf. Eisen aus pflanzlichen Quellen wird als „Nicht-Häm-Eisen" bezeichnet: Dieses kann der Körper deutlich schwerer aufnehmen als Eisen aus tierischen Quellen. Eine wertvolle Absorptionshilfe ist hier Vitamin C!
Schwarztee und Kaffee gelten hingegen als Absorptionshemmer!

Die besten veganen Eisenlieferanten sind:

- Getrocknete Pfifferlinge
- Sojabohnen
- Petersilie
- Basilikum
- Spinat
- Kichererbsen
- Tofu
- Limabohnen
- Spargel
- Mangold
- Grünkohl
- Rosenkohl
- Rote Beete
- Brokkoli
- Kresse
- Tomaten
- Champignons
- Getrocknete Aprikosen
- Rosinen
- Kürbiskerne
- Pistazien
- Pinienkerne
- Haselnüsse
- Mandeln
- Erdnüsse
- Leinsamen
- Amaranth
- Getreide wie Gerste, Roggen, Dinkel oder Hirse
- Haferflocken
- Weizenkleie
- Quinoa.

Besonders wichtig ist bei der veganen Ernährung die richtige Zusammenstellung der Mahlzeiten: So sollte eine wertvolle Eisenquelle mit einem guten Vitamin-C-Lieferanten kombiniert werden, denn so kann der Körper das Spurenelement optimal aufnehmen.

So könnte man beispielsweise ein Grünkohl-, Pfifferlinge- oder Spinatgericht mit einem Glas frisch gepressten Orangensaft kombinieren.

Vitamin B12

Dieser Mikronährstoff spielt bei fast allen Körperprozessen eine zentrale Rolle! So ist Vitamin B12 an der Synthese von DNA, an der Zellteilung und sogar an der Blutbildung beteiligt. Auch für den Hormonaufbau, für den Aufbau von Neurotransmittern sowie für den Schutz von Nervensträngen im Gehirn und Rückenmark spielt dieses Vitamin eine äußerst wichtige Rolle!

Im Rahmen einer veganen Ernährung kommt es hier jedoch zu einem Problem: Vitamin B12 wird in nennenswerten Mengen nur von Mikroorganismen produziert. Zudem gibt es bestimmte Nahrungsmittel wie etwa Sauerkraut (hergestellt durch Fermentation), die Verbindungen enthalten, die chemisch gesehen dem Vitamin B12 sehr ähnlich, jedoch biologisch unwirksam sind. Zudem blockieren sie die Darmrezeptoren und hemmen somit die Aufnahme von „echtem Vitamin B12" in den Körper.

Der Tagesbedarf eines erwachsenen Menschen liegt bei rund 4 Mikrogramm pro Tag. Ältere Menschen, schwangere und stillende Frauen sowie Kranke haben einen erhöhten Vitamin-B12-Bedarf. Aus Sicherheitsgründen ist hier eine zusätzliche Supplementierung sehr ratsam, vor allem, wenn sich diese Personen vegan ernähren.

Vegane Vitamin-B12-Lieferanten sind zum Beispiel Nori Algen: Vor allem getrocknete Nori Algen werden häufig in Sushi-Gerichten verwendet. Sie punkten mit einem sehr hohen Vitamin-B12-Gehalt von 60 bis sogar 70 Milligramm pro 100 Gramm. Schon 6 Gramm Nori-Algen decken den kompletten Tagesbedarf eines Erwachsenen.

Ebenso weisen Shiitake Pilze einen hohen Vitamin-B12-Gehalt auf: Im Vergleich zu anderen Pilzsorten enthalten sie mit 5,6 Gramm pro 100 Gramm den höchsten B12-Gehalt. Wie dieser Mikronährstoff genau in den Pilz kommt, ist noch nicht geklärt worden.

Wer als Veganer ganz sicher sein möchte, dass sein Körper optimal mit diesem essenziell wichtigen Vitamin versorgt ist, sollte zu geeigneten Nahrungsergänzungsmitteln greifen. Vitamin B12 gibt es sowohl in Tablettenform als auch in Form von veganen Kapseln.

Dieses Vitamin ist im Übrigen der einzige Mikronährstoff, der im Rahmen einer veganen Ernährungsweise zusätzlich eingenommen werden sollte.

Unser Tipp für Sie:
Ganz egal, für welche Ernährungsweise Sie sich auch entscheiden, eine optimale Nähr- und Vitalstoffversorgung muss immer sichergestellt werden. Der Körper braucht für die Gesunderhaltung sowie für einen reibungslosen Ablauf aller internen Vitalstoffprozesse eine adäquate Ernährungsweise – und das Tag für Tag.

Was eine gesunde Ernährung im Einzelnen genau ausmacht und auf welche Aspekte ein besonderer Fokus gesetzt werden sollte, erfahren Sie in unserem Ernährungsratgeber, den Sie als **Bonus zu diesem Buch** dazu erhalten: Mehr zum kostenlosen, interessanten und umfassenden Ernährungsratgeber erfahren Sie in unserem Kapitel „**Ihr kostenloses Geschenk!**" am Anfang dieses Buches.

Tauchen Sie intensiver in diese so wichtige Thematik ein und legen Sie damit den Grundstein für mehr Gesundheit, Leistungsfähigkeit und Wohlbefinden.

Vegan Basics – so finden Sie die richtigen Ersatzprodukte

In der veganen Ernährung finden sich keinerlei Produkte tierischen Ursprungs. Doch was darf statt Eiern, Milch, Joghurt oder Gelatine auf den Speiseplan gesetzt werden?
Hier erfahren Sie die genauen Antworten darauf:

Kochen und backen ohne Eier

Wer vegan backen und kochen möchte, muss zunächst einmal in Rezepten das Ei ersetzen. Eier sind ein ausgezeichnetes Bindemittel, zum Beispiel für Soßen, Pancakes und Puddings, doch sie sorgen auch dafür, dass Gebäck wie etwa Kuchen herrlich locker und luftig wird.
Aus diesem Grund ist es nicht ratsam, das Ei einfach von der Zutatenliste zu streichen, doch keine Sorge: Es gibt viele verschiedene Alternativen, durch die sich Eier perfekt ersetzen lassen. Welchen Ersatz Sie im Einzelfall auswählen, hängt zum Beispiel vom jeweiligen Gericht ab, denn nicht alle Möglichkeiten sind für jedes Rezept in gleichem Maße gut geeignet.

Chiasamen und Leinsamen

Gemahlene Chia- und Leinsamen sind ein ausgezeichnetes Bindemittel und können somit sehr gut als veganer Ei-Ersatz zur Anwendung kommen. Verrühren Sie hierfür 1 EL gemahlener Chiasamen oder Leinsamen mit 3 EL Wasser. Lassen Sie diese Mischung nun 5 Minuten quellen und schon können Sie damit Kuchen, Nudelteig, Pancakes, Waffeln oder vieles mehr backen.

Stärkemehl
Auch Stärkemehl wie etwa Kartoffelmehl oder auch Maisstärke lassen sich sehr gut und vielseitig beim veganen Backen und Kochen einsetzen. Es wirkt ebenfalls als Bindemittel und kann sogar als Verdickungsmittel angewendet werden.
Stärkemehl ist sowohl für die Zubereitung süßer Gerichte wie etwa Käsekuchen oder Pudding geeignet, als auch für herzhafte Gerichte oder zum Andicken von Soßen.

Um ein Ei zu ersetzen, vermischen Sie bitte 2 EL Kartoffelstärke oder Maisstärke mit 3 Esslöffeln Wasser.

Essig und Natron
Mit dieser Mischung können Sie vor allem fluffige und lockere Kuchen backen. Sobald Natron mit Essig vermengt wird, entstehen kleine Bläschen, ähnlich wie beim Mineralwasser: Diese vergrößern sich beim Backen noch mehr und sorgen so für einen luftig-weichen Kuchen.
Machen Sie sich bei diesem Ei-Ersatz bitte keine Sorgen: Den Essig schmeckt man aus dem Gebäck definitiv nicht heraus.
Hier gilt folgende Grundregel: Vermischen Sie 1 EL Essig mit 1 TL Natron: Diese Mischung ersetzt 1 Ei.

Backpulver
Backpulver können Sie auch als Treibmittel einsetzen. Bei einigen Rezepten, die nur 1 Ei benötigen, können Sie dieses einfach weglassen und durch ½ bis 1 TL zusätzlichem Backpulver ersetzen.

Kürbispüree, Banane und Apfelmus
Auch durch Gemüse- oder Obstpürees können Sie einen Kuchenteig noch saftiger machen. ½ Banane oder 75 Milliliter Apfelmus können ebenfalls 1 Ei im Rezept ersetzen. Ebenso können Sie statt 1 Ei 75 Milliliter Kürbispüree verwenden.

Soja
Sojabohnen enthalten – ebenso wie Eier – viel Lecithin und somit können sie hervorragend als Ei-Alternative verwendet werden.
Sojamehl eignet sich ausgezeichnet zum Backen von Waffeln oder Rührkuchen, denn damit wird der Teig herrlich soft.
Hier gilt:
1 EL Sojamehl (Vollfett) werden mit 2 EL Wassern vermischt: Dieses Gemisch ersetzt 1 bis 2 Eier.

Auch Seidentofu wirkt als Bindemittel und kann somit sehr gut für Füllungen und Cremes verwendet werden, so etwa beim Käsekuchen.
50 Gramm pürierter Seidentofu entsprechen 1 Ei.

Wenn Sie Sojamilch mit einem Spritzer Zitrone oder Essig vermengen, erhalten Sie eine Art Buttermilch.
Auch Soja-Joghurt können Sie als Bindemittel einsetzen: Damit wird der Kuchenteig wunderbar saftig.

Natürlich müssen Sie im Rahmen einer veganen Ernährung auch nicht auf die schöne Goldbräunung Ihres Gebäcks verzichten. Sie können Pizzatäschchen oder Blätterteig gerne mit folgender Mischung einpinseln:
1 EL Rapsöl vermischt mit 1 Msp. Kurkumapulver.

Bestreichen Sie damit noch vor dem Backen Ihr Gebäck.

Gelatine ersetzen
Es gibt sehr gute Alternativen, um Gelatine aus tierischem Eiweiß zu ersetzen, so beispielsweise Apfel-Pektin, Agar-Agar oder Rot-Algen.
Damit gelingen Ihnen problemlos Tortengüsse, Puddings und auch selbstgemachte Marmeladen.

Sehr praktisch:
Mit Pfeilwurz-, Guarkernmehl und Johannisbrotkernmehl können Sie sowohl kalte als auch warme Suppen und Soßen binden. Doch bitte immer sparsam dosieren!

Milchprodukte im veganen Speiseplan ersetzen
Auch Milch können Sie durch sehr viele pflanzliche Alternativen ersetzen, so zum Beispiel:

- Hafermilch
- Kokosmilch
- Soja-Milch
- Reismilch
- Cashew-Milch
- Mandelmilch
- Haselnuss-Milch.

Pflanzliche Alternative zu	Bezeichnung im Supermarkt

	Milch	Soja-Drink, Hafer-Drink, Mandel-Drink, Kokos-Drink, Reis-Drink, …
	Sahne	Häufig ist die Namensbezeichnung „Creme cuisine": Damit können Sie kochen. „Schlagcreme": Diese können Sie wie Schlagsahne aufschlagen und zum veganen Backen verwenden. Zudem findet sich veganer Sahneersatz noch unter folgenden Bezeichnungen: Soja-Whip Soja-Creme oder Hafer-Creme
	Joghurt (aus Soja)	Sojagurt, Joya
	Joghurt (aus Nüssen, Lupinen, Reis oder Kokos)	Lughurt, Cocogurt, Reisgurt (veganer Joghurt auf Reisbasis), Cashew Natur, Kokos Natur, Happy Coco.

„Milchbar-Drinks"

Smoothies, Café au Lait, Cappuccino oder Latte Macchiato passen nicht in eine vegane Ernährung, wenn sie mit Kuhmilch zubereitet werden. Dennoch müssen Sie auch als Veganer nicht auf diese Spezialitäten verzichten, sondern können einfach die „Milch" gegen einen entsprechenden „Drink" austauschen.
Das ist nämlich die gesetzlich geregelte, korrekte Bezeichnung für Reis-, Hafer- oder Mandelmilch auf der Verpackung. Lediglich ein Erzeugnis, das durch Melken von zur Milcherzeugung gehaltenen Tierarten gewonnen wurde, darf als „Milch" bezeichnet werden.

Bei den Drinks haben Sie als Veganer tatsächlich die Qual der Wahl, denn es gibt viele verschiedene, köstliche milchähnliche Produkte.

Soja-Drink

Das ist die klassische Vegan-Alternative zur Milch, die mittlerweile in jedem normalen Supermarkt erhältlich ist. Die Hersteller kochen, filtern und pürieren hierfür geschälte, getrocknete und schließlich eingeweichte gelbe Soja-Bohnen.
Durch den Kochvorgang werden die verdauungshemmenden Toxine beseitigt. In puncto Protein kann Soja-Drink mit Schafs-, Kuh- oder Ziegenmilch sehr gut mithalten. Der Fettgehalt liegt zwischen dem von fettarmer Milch sowie Vollmilch.

Soja-Drink enthält jedoch überhaupt kein Kalzium und ebenso kein Vitamin B12 und kein Vitamin C. Aus diesem Grund werden diese Mikronährstoffe häufig hinzugegeben.

Soja-Drink hat einen süßlichen Geschmack, mit einer leicht-erdigen Bohnennote. Dieser Eigengeschmack ist in der Tat nicht jedermanns Sache. Aus diesem Grund mischen einige Hersteller oft Zucker, Salz, Apfeldicksaft oder Geschmacksaromen unter den Drink. All diese zusätzlichen Zutaten müssen jedoch auf der Verpackung mitangegeben sein.

Soja-Drink lässt sich auch sehr gut aufschäumen, doch aufgepasst: Wenn Sie kalten Soja-Drink in einen heißen Kaffee schütten, kann die „Sojamilch" ausflocken.

Reis-Drink
Nach dem Soja-Drink ist das der beliebteste vegane Milchersatz in Deutschland. Hierfür wird gekochter Vollkornreis püriert, mit Wasser vermischt, ganz fein gefiltert und schließlich fermentiert oder mit Emulgatoren versetzt.
Reis-Drink hat einen leicht süßlichen Geschmack, schmeckt aber deutlich nach Reis. Es handelt sich hier um eine eher wässrige Flüssigkeit, die glutenfrei ist und somit auch von allen Menschen mit einer Glutenintoleranz gut vertragen wird.

Im Vergleich zu anderen Milch-Alternativen hat Reis-Drink einen hohen Kohlenhydratanteil, jedoch kaum Proteine und Fett. Auch die hochwertigen Nährstoffe aus dem Vollkornreis sind nach dem Filterprozess nur noch in äußerst geringen Mengen zu finden.

Hersteller mischen auch hier häufig Kalzium unter. Ebenso werden oftmals Öl wie etwa Sonnenblumenöl, Aromen wie zum Beispiel Vanille, Salz und Zucker beigemengt.
Reisdrink lässt sich nicht aufschäumen.

Hafer-Drink
Dieser Drink hat einen vollen Geschmack und unter allen Milch-Alternativen die beste Öko-Bilanz!
Hafer-Drinks stehen daher als Kuhmilchersatz ganz oben auf der Liste. In Europa wird Hafer meistens in hoher Bio-Qualität angebaut. Nach dem Erntevorgang wird es gemahlen und mit Wasser gemischt.
Durch die Fermentation wird die Getreidestärke in Zucker umgewandelt, weshalb Hafer-Drink eine leicht süßliche Geschmacksnote hat – ähnlich wie Kuhmilch.
Des Weiteren enthält Hafer-Drink kaum Fett, dafür jede Menge wertvoller Ballaststoffe. Das beigefügte Öl dient als Emulgator und das Salz optimiert den Geschmack dieser Milch-Alternative.

Hafer-Drink ist ein absolutes Highlight für alle, die Latte Macchiato lieben.

„Hafermilch" gibt es – wie mittlerweile auch viele andere Pflanzendrinks – in einer „Barista-Variante", die sich perfekt aufschäumen lässt!

Nuss-Drink
Genau wie Nuss-Mus bergen auch Nuss-Drinks alle Vorzüge der vitamin- und proteinreichen Nüsse. Ebenso enthalten sind die wertvollen ungesättigten Fettsäuren – alles in verdünnter Form.
Ein Blick auf die Zutatenliste verrät Ihnen ganz genau, ob im Nuss-Drink auch Rohrohrzucker, Agavensirup, Stabilisatoren oder sonstige Zusatzstoffe enthalten sind.

Der Cashew-Drink hat einen leicht nussig-süßen Geschmack, der dem der Original Cashew-Nuss tatsächlich sehr ähnelt. Wenn Sie also Cashew-Nüsse mögen, werden Sie diesen Drink lieben! Der Drink ist eher dickflüssiger Konsistenz und passt somit ausgezeichnet zu Kaffee oder Smoothies. Aufschäumen lässt sich der Cashew-Drink hingegen leider nicht.

Auch Mandel-Drinks stehen seit einigen Jahren hierzulande in den Supermarktregalen. In Ländern wie Spanien oder Portugal ist der aromatisch milde und cremige Drink schon seit Jahrhunderten ein beliebtes Nahrungsmittel. Er besteht aus gehäuteten Mandeln und Wasser.

Mit dem Milchaufschäumer lässt sich Mandel-Drink besonders gut schaumig aufschlagen!
Haselnuss-Drink hat von allen Nuss-Drinks den kräftigsten Geschmack.

Nüsse einweichen

Sie fragen sich jetzt womöglich, warum das überhaupt notwendig ist. Nüsse sind einer der wichtigsten Bestandteile einer veganen Ernährungsweise und haben oftmals einige Besonderheiten, die nicht allen Menschen bekannt sind.
In vielen veganen Rezepten ist angegeben, dass Nüsse mindestens vier Stunden lang – am besten über Nacht – eingeweicht werden müssen. Dadurch kann eine bessere Konsistenz zum Mixen erreicht werden. Das Einweichen hat aber auch noch einen gesundheitlichen Grund: Die Anreicherung von Phytinsäure im menschlichen Körper wird vermieden.

Phytinsäure ist für die meisten Menschen unproblematisch, denn sie essen im Allgemeinen ganzjährig nur geringe Nussmengen. Falls Sie jedoch regelmäßig Nüsse verarbeiten, sollten Sie diese vor der Verwendung unbedingt immer einweichen! Phytinsäure ist ein Stoff, den Pflanzen zu ihrem eigenen Schutz produzieren. Er reichert sich in den Nüssen an und gelangt schließlich durch den Verzehr in den Organismus: Dort bindet Phytinsäure essenziell wichtige Stoffe wie zum Beispiel Zink oder Eisen und macht diese unbrauchbar.
Des Weiteren hemmt die Säure den Protein-Aufspaltungsprozess. Durch das vorherige Einweichen der Nüsse kann diese Säure jedoch ganz einfach neutralisiert werden.

Bei einer Nussunverträglichkeit können diese ganz einfach ersetzt werden, zum Beispiel durch verschiedene Produkte auf Sojabasis wie etwa Soja-Quark, Soja-Joghurt oder Tofu. Auch manche Saaten oder Kerne können dafür zum Einsatz kommen. In diesem Zusammenhang ist es jedoch sehr wichtig zu beachten, dass beispielsweise Sonnenblumenkerne vor ihrer Verwendung mit heißem Wasser bedeckt und über Nacht eingeweicht werden sollten. Das liegt daran, dass sie im Allgemeinen härter als Nüsse sind.
Bei weicheren Nüssen wie zum Beispiel Cashew-Nüssen reicht auch eine Einweichzeit von drei bis vier Stunden!

Im Idealfall werden Nüsse jedoch über Nacht eingeweicht. Wenn es mal ganz schnell gehen muss, können Sie die Nüsse auch einfach eine Viertelstunde lang kochen. So werden sie wunderbar weich und Sie können diese ganz einfach pürieren.
Nach dem Kochen und Einweichen sollte das Einweichwasser immer abgegossen werden. Spülen Sie die Nüsse anschließend nochmals mit frischem Wasser ab.

Cashews sind generell eine hervorragende Grundlage für cremige Soßen, aber auch für Ricotta- oder Frischkäse-Alternativen. Für welche Nusssorte Sie sich im Einzelnen entscheiden, bleibt natürlich ganz Ihnen überlassen. Sie können ebenso auch Mandeln in Ihren Gerichten verwenden oder verschiedene Nuss-Sorten miteinander mischen.

Wertvolle pflanzliche Eiweißquellen und Fette

Vegan-Kritiker führen immer wieder an, dass es im Rahmen einer reinen Pflanzenernährung zu einem erheblichen Proteinmangel kommt. Das trifft so im Grunde aber nicht zu, denn mit den richtigen Nahrungsmitteln lässt sich ein solcher Mangel ganz einfach umgehen.

Die folgenden Lebensmittel sind echte Proteinbomben, die Ihnen dabei helfen, eine ausgewogene Nährstoffbalance zu erzielen:

- Bohnen
- Soja
- Kichererbsen
- Erbsen
- Linsen
- Brokkoli
- Chiasamen
- Quinoa
- Haferflocken
- Amaranth
- Buchweizen
- Lupine
- Hanf
- Spirulina-Algen.

Auch hochwertige Öle und Pflanzenfette sind sehr wichtig für Ihre Gesundheit: Mangelt es dem Organismus an essenziellen Fettsäuren kann das zu einer Lähmung vitaler Funktionen führen. So braucht der Körper beispielsweise Fette, um die fettlöslichen Vitamine – Vitamin A, D, E und Vitamin K – aufzunehmen. Sie sind für Hormon- und Enzymfunktionen unverzichtbar wichtig.

Doch nicht alle Öle eignen sich in gleichem Maße gut zum Braten: Vor allem Omega-3-reiche Öle wie etwa Leinöl oxidieren bei hohen Brattemperaturen und entwickeln dann bestimmte Schadstoffe.

Aus diesem Grund empfiehlt es sich, eine kleine Auswahl an gesunden und hochwertigen Ölen im Haus zu haben. Achten Sie aber bitte unbedingt immer darauf, die Öle richtig zu lagern, das heißt bei Zimmertemperatur sowie lichtgeschützt an einem dunklen Ort. Die Flaschen sollten auch immer gut verschlossen sein, da die Öle sonst ihr Aroma verlieren könnten.

Folgende Öle sind ausgezeichnet für die Zubereitung von veganen Speisen und Gerichten geeignet:

- Avocado Öl
- Walnussöl
- Leinöl
- Olivenöl
- Distelöl

Folgende Öle sind besonders gut zum Braten geeignet:

- Erdnussöl
- Rapsöl
- Soja-Öl
- Sesam Öl
- Kokosöl

Achtung, tierische Inhaltsstoffe!

Beim Einkaufen ist es besonders wichtig, clever vorzugehen und die Augen offenzuhalten. Kartoffelchips und gelatinefreie Gummibärchen für den veganen Fernsehabend? Leider, Fehlanzeige!

Es ist unnötig, aber leider wahr: Manche Chips-Sorten – selbst harmlose Paprika-Chips – können tierische Inhaltsstoffe wie Molke- oder Käsepulver enthalten. Hier müssen Sie sich die Zutatenliste also genau durchlesen. Mittlerweile gibt es auch viele Apps, die Ihnen beim Auslesen der Inhaltsstoffe helfen und Ihnen bequem anzeigen, welches Produkt in Ihre vegane Ernährung passen und welche nicht.

Dasselbe gilt für Fertiggerichte und ebenso für gelatinefreie Lakritze und Fruchtgummis. Diesen Süßwaren werden häufig Trennmittel aus Bienenwachs zugesetzt, was jedoch ebenfalls in der Zutatenliste aufgeführt sein muss.

Naturtrübe Säfte, Naturweine und auch deutsches Bier ist im Allgemeinen unproblematisch. Vorsichtig sollten Sie hingegen bei ausländischen Biersorten sein, ebenso bei klaren Säften, Weinen und im Übrigen auch bei klarem Essig: Hier werden nämlich Trübstoffe mit tierischem Protein herausgefiltert, so etwa mit Eiklar, Casein oder Gelatine. Das muss auf der Zutatenliste auch nicht deklariert werden.

Wenn Sie also in puncto „veganer Trinkgenuss" hundertprozentig sichergehen wollen, müssen sie bei den einzelnen Herstellern nachfragen oder auf eine spezielle Vegan-Kennzeichnung achten.

Vegane Must-haves – clever einkaufen

Hier finden Sie nun eine Übersicht der Nahrungsmittel, die in Ihrem Vorratsschrank auf keinen Fall fehlen sollten: Sie bilden nämlich die Grundlage zahlreicher veganer Rezepte.

Getreide und Gewürze sind zum Beispiel sehr lange haltbar und können auf Vorrat eingekauft werden, Rasch verderbliche Nahrungsmittel wie etwa frische Früchte oder Gemüse sollten Sie hingegen immer frisch kaufen. Ebenso ist es ratsam, einen Vorrat an Tiefkühlgemüse im Gefrierschrank anzulegen.

Wichtige Gewürze für Ihre vegane Küche
- Pfeffer
- Salz
- Curry
- Kurkuma Pulver
- Ingwer Pulver
- Paprikapulver

Würzmittel
- Tomatenmark
- Senf
- Gemüsebrühe
- Hefeflocken

Frischzutaten mit längerer Haltbarkeit
- Möhren
- Kartoffeln
- Kürbis
- Kohl
- Knoblauch
- Zwiebeln
- Steinobst wie zum Beispiel Äpfel
- Soja-Soße
- Vanilleextrakt

Frischzutaten mit kürzerer Haltbarkeit

- Gurken
- Tomaten
- Pilze
- Salat
- Spinat
- Kräuter
- Beeren
- Bananen
- Zitronen
- Orangen
- Avocado
- Brot
- Paprikaschoten

Tiefkühl-Nahrungsmittel
- Beeren
- Gemüse wie Spinat, Brokkoli, Blumenkohl, Kohlrabi oder Erbsen
- Vorbereiteter Pizzateig

Getrocknete Nahrungsmittel
- Reis
- Mehl
- Quinoa
- Zucker
- Leinsamen
- Maisstärke
- Trockenobst wie Feigen oder Datteln
- Trockenhefe
- Backpulver
- Natron
- Tortillas
- Pinienkerne
- Sesam
- Nüsse wie Cashews, Walnüsse oder Mandeln
- Nudeln
- Nudeln aus Hülsenfrüchten, zum Beispiel Kichererbsen-Fusilli oder Erbsen-Penne.

Konservierte Nahrungsmittel
- Mais
- Stückige Tomaten
- Kokosmilch

- Bohnen
- Kichererbsen
- Soja-Drink, Mandel-Drink, Hafer-Drink oder sonstige Milchalternativen
- Ahornsirup
- Agavendicksaft
- Kokosöl
- Rapsöl
- Olivenöl
- Walnussöl
- Distelöl
- Apfelessig

Frische Nahrungsmittel für den Kühlschrank
- Kokosjoghurt
- Sojagurt
- Tofu
- veganer Käse
- Nuss-Mus
- veganer Parmesan
- vegane Butter.

Alles Soja?

Selbstverständlich, wer sich vegan ernährt, der verwendet sehr häufig Tofu. Doch das ist nicht das einzige Kraftpaket der Natur, um den Proteinbedarf des Organismus zu decken! Auch andere Produkte aus Soja, Hülsenfrüchten oder Weizen sind eine sehr wertvolle Alternative zu Fisch, Wurstwaren und Fleisch.

Tofu

Es handelt sich hierbei um einen Sojabohnenquark, der einen neutralen Geschmack hat und sehr vielfältig einsetzbar ist. Ganz egal, ob frittieren, grillen, schmoren oder braten: Mit Natur-Tofu können Sie alles machen und kräftig nach Ihrem Geschmack würzen.

Für ein wenig Abwechslung in Ihrem Speiseplan kann Räuchertofu sorgen. Ebenso gibt es bereits fertiggewürzte oder marinierte Tofu-Sorten, so zum Beispiel mit Tomaten, Sesam, Mandeln oder Curry. Eine Besonderheit ist der sogenannte Seidentofu, der einem stichfesten Joghurt ähnelt. Er wird nicht gepresst und hat somit einen höheren Wasseranteil. Somit ist er wie gemacht für leichte Desserts, Suppen oder Drinks.

Seitan

Wenn Sie es gerne einmal bissfester mögen, sollten Sie unbedingt zu Seitan greifen!
Dieser wird hergestellt aus reinem Gluten (Weizeneiweiß). Aufgrund seiner festen Beschaffenheit lässt er sich in jede beliebige Form schneiden. Zudem können Sie Seitan sehr gut grillen, panieren, braten, kochen oder auch marinieren.
Natur-Seitan finden Sie in gut sortierten Bio-Naturkostläden im Kühlregal. Des Weiteren finden Sie dort auch fertige Seitan-Produkte wie zum Beispiel Schnitzel, Würstchen oder Burger.

Lupinen-Filet

Lupinen-Filet ist auch bekannt als „Soja des Nordens" und erobert seit einiger Zeit auch hierzulande die vegane Küche. Die heimische Süß-Lupine ist eine Hülsenfrucht, deren Samen ähnlich proteinreich wie Sojabohnen sind. Des Weiteren ist die Lupine aufgrund des neutralen Geschmacks, der Konsistenz sowie der unkomplizierten Zubereitung ein ausgezeichneter Fleischersatz für Veganer.

Produkte aus Lupinen wie Würstchen, Bratlinge oder Geschnetzeltes finden Sie in Ihrem regionalen Bioladen.

Tempeh

Auch hierbei handelt es sich um eine Variante aus der Soja-Familie. Ursprünglich ist Tempeh in Indonesien beheimatet und wird dort aus ganzen, mit Schimmelpilz-Kulturen geimpften Sojabohnen hergestellt. Es handelt sich hier um einen „festeren Käse", der sehr gut verträglich ist. Zudem können Sie Tempeh sehr gut marinieren, braten und nach Ihren Wünschen schneiden.
Im Vergleich zu Tofu hat Tempeh einen ganz eigenen, aber dezenten Eigengeschmack. Kaufen können Sie Tempeh im Asia- beziehungsweise im Bioladen.

Softe Cremes aus kernigem Ursprung

Wünschen Sie sich einen nussig-kernigen Kick für Ihren veganen Porridge oder Ihren Smoothie? Oder suchen Sie nach einem veganen und zugleich proteinreichen Brotaufstrich? Dann ist Nuss-Mus genau die richtige Wahl! Die kernigen Kraftpakete aus der Natur können Sie in einer hochleistungsfähigen Küchenmaschine zu einer feincremigen Paste verarbeiten.
In purem Nuss-Mus steckt nur das Beste aus dem Mandel- sowie dem Nusskern: Einfache und mehrfach ungesättigte Fettsäuren, wertvolle B-Vitamine, Vitamin E, Proteine, Folsäure, Kalzium, Eisen und Magnesium. Wenn

Sie fertiges Nuss-Mus kaufen möchten, sollten Sie unbedingt darauf achten, dass dieses höchstens noch Gewürze wie zum Beispiel Zimt oder Vanille enthält.

Angebrochene Mus-Gläser sollten immer kühl und dunkel gelagert werden, jedoch nicht im Kühlschrank! Bei richtiger Lagerung ist das Mus noch gute drei Monate haltbar. Bleibt das Nuss-Mus hingegen länger stehen, setzt sich an der Oberfläche ein wenig Öl ab. Rühren Sie vor dem Gebrauch daher alles kräftig durch und löffeln Sie anschließend die gewünschte Menge heraus.

Cashew-Mus
Dieses Mus enthält nur sehr wenig Fett, dafür jede Menge Magnesium. Cashew-Mus hat einen süßlich-milden Geschmack sowie eine dezent nussige Note. Weil es so herrlich streichfähig ist, eignet es sich bestens für süße Frühstück-Bowls oder einfach als feiner Butterersatz für das Marmeladenbrötchen beim Frühstück.

Mandelmus
Dieses Nahrungsmittel ist sehr fettreich und enthält zudem auch deutlich mehr Ballaststoffe als Erdnuss- oder Cashew-Mus. Das helle Mandelmus wird aus geschälten Mandeln zubereitet und hat einen deutlich milderen Geschmack als die dunkle Mandelmus-Variante. Beim dunklen Mus wird die braune Mandelhaut mitgemixt.

Haselnuss-Mus
Dieses Mus erinnert vom Geschmack her an eine Nuss-Nougat Creme, doch es ist um ein Vielfaches gesünder. Verwechseln Sie jedoch bitte das gesunde vegane Haselnuss-Mus nicht mit der zuckerreichen Haselnusscreme.

Erdnussmus
Erdnüsse gehören zu den eiweißreichen Hülsenfrüchten. Sie liefern Ihnen aber nicht nur wertvolles Protein, sondern auch kostbare Vitamine wie etwa die Vitamine E und H.
Pures Erdnussmus finden Sie vor allem im Naturkost-Bioladen. Neben sehr fein gemahlenen Erdnüssen steckt im Produkt noch maximal ein wenig Salz.
Verwechseln Sie das Erdnussmus jedoch bitte nicht mit der Erdnussbutter, auch als „Peanut Butter" oder „Erdnuss-Creme" bezeichnet: Das ist eine sehr kalorienreiche Mischung aus Pflanzenölen, Erdnusskernen, Salz und manchmal auch Zucker.

„Cremiges" Erdnussmus ist homogen und sehr fein püriert, die „crunchy" Variante ist hingegen grober gemahlen und enthält noch feste Erdnuss-Stückchen.

Vegan kochen mit Freude – hilfreiche Alltagstipps

Dunkle Schokolade ist einfach zum Dahinschmelzen und die gute Nachricht ist hier, dass Sie das auch als Veganer können!
Bei dunkler Kuvertüre sowie aromatisch-herber Zartbitterschokolade ist der Kakaoanteil besonders hoch. Übersteigt der Kakaogehalt 70 % enthält die bittersüße „Seelentrösterin" keinerlei Milchprodukte mehr: Sie ist also vegan!
Achten Sie jedoch bitte darauf, dass in der Zutatenliste kein „Butterreinfett" zu finden ist.
Wenn Sie hingegen mehr für weiße Schokolade, Nougat-Sorten oder Vollmilchschokolade schwärmen, können Sie im Bioladen vegane Schokoladentafeln kaufen. Diese enthalten statt Milchprodukten geschmackvolle Pflanzendrinks oder Sirups aus Soja, Reis oder Mandeln.

Blitz-Rezept: Schokoladenglasur vegan, rasch selbstgemacht!

Wenn Sie schnell eine eigene vegane Schokoladenglasur brauchen, sollten Sie hierfür 150 Gramm Zartbitterschokolade mit 40 Gramm Kokosöl oder veganer Margarine im Wasserbad schmelzen.
Mit einer solchen veganen Glasur können Sie zum Beispiel problemlos einen Kastenkuchen überziehen.

Milchprodukte tauschen!

Pflanzensahne, joghurtähnliche Produkte und Pflanzendrinks sind in der süßen Vegan-Küche sehr tolle Alternativen zu herkömmlichen Kuhmilch-Produkten.
In der süßen Küche ist nicht jede „Sahne" und nicht jede „Milch" in gleichem Maße gut geeignet. Hier finden Sie daher einige Tipps, welche Drinks für die Zubereitung welcher Spezialitäten besonders gut geeignet sind.

- Für Puddings sollten Sie keine Getreide-Drinks verwenden, also keinen Reis- oder Haferdrink.
  Es kann sein, dass die Stärke, die für selbstgemachte Puddings mitverwendet werden muss, diese Milchalternativen nicht gut bindet. Für selbstgemachten Schokoladen- oder Vanillepudding eignet sich somit Kokos-, Soja- oder Nussdrink viel besser.
- Für geschäumte Köstlichkeiten:

Nicht jede Milchalternative lässt sich in gleichem Maße gut aufschlagen. Meistens steht auf der Verpackung, ob sich der jeweilige Drink gut aufschlagen lässt. Das Zauberwort in diesem Zusammenhang ist „Barista".
Mit einem Haferdrink „Barista" zaubern Sie beispielsweise herrliche Kaffeespezialitäten wie Latte Macchiato oder Cappuccino.

Für klassische Sahnehäubchen verwenden Sie am besten 200 Gramm aufschlagbare vegane Sahne sowie ein Päckchen veganen Sahnefestiger: Diesen können Sie in jedem regionalen Bioladen erhalten. Schlagen Sie beides zusammen mit dem Rührgerät steif.

- Für feine Cremes:
  Auch hierfür bietet pflanzliche, aufschlagbare Sahne eine sehr gute Grundlage. Sie erhalten damit eine besonders fluffige und leichte Creme, die jedoch keinen allzu festen Stand hat. Für einen veganen Tiramisu ist eine solche Creme perfekt, zum Füllen von Torten ist sie hingegen weniger geeignet. Hier muss unbedingt noch Sahnefestiger hinzugegeben werden.

- Für süße Cremes:
  Seidentofu können Sie im Handumdrehen in eine verführerisch-süße Creme verwandeln!
  Genau wie Tofu, hat auch Seidentofu keinen ausgeprägten Eigenschmack und kann daher ausgezeichnet mit anderen Gewürzen wie Zimt oder Vanille aromatisiert werden. Ebenso können Sie fruchtige Komponenten hinzugeben wie Zitronenschalen, Orangenschalen oder frische Beeren.

  Nach Belieben können Sie Seidentofu auch mit Rohrohrzucker, Agavendicksaft oder Sirup verfeinern.

- Für frische Desserts:
  Joghurt können Sie 1:1 durch Sojagurt ersetzen. Falls Sie einen gesüßten Sojagurt verwenden, können Sie ruhigen Gewissens die Zuckermenge im Rezept reduzieren.
  Fest und cremig wie ein Frischkäse wird Sojagurt, wenn Sie ihn in einem Tuch im Sieb über Nacht abtropfen lassen.

Kleine Backtipps für feine Teige

Ein Hefeteig gelingt Ihnen auch sehr gut ohne Ei. Herkömmliche Kuhmilch können Sie wunderbar durch Mandelmilch ersetzen.

Mürbeteig:
Diesen Teig können Sie ganz einfach mit veganer Margarine und ohne Ei zubereiten. Mischen Sie gerne nach Belieben 1 TL Mandelmus unter die Teigmasse.

Rührteig:
Ersetzen Sie je ein Ei durch ½ reife Banane: Zerdrücken Sie die Banane und mischen Sie diese unter den Teig. Auch Apfelmus ist bei süßem Rührteig ein ausgezeichneter Ei-Ersatz.

Brotteig:
Hier können Sie 1 Ei durch 1 bis 2 EL Lein- oder Chiasamen ersetzen. Weichen Sie diese im Vorfeld in 3 EL Wasser ein.
Für süßen Teig oder für zartes Gebäck ist das aber eher keine ideale Lösung.

Biskuit-Teig:
Hierbei handelt es sich um eine Mischung aus Backpulver, Mineralwasser und Mehl: Damit erhalten Sie einen Biskuit-Teig mit einer herrlich luftigen Leichtigkeit.

Grundrezept – vegane Majo

Pflanzliche vegane Mayonnaise können Sie in Ihrem Bioladen kaufen. Für Salatdressings, leichte Dips oder Sandwiches können Sie diese aber auch ganz einfach selbst zubereiten:
Vermischen Sie dafür 50 Milliliter Soja-Drink in einem hohen Rührbecher mit 1 TL Essig und Senf.
Nehmen Sie nun den Pürierstab und bewegen Sie ihn vorsichtig auf und ab. Geben Sie dabei nun in einem dünnen Strahl 100 bis 150 Milliliter Öl hinzu bis die Mischung schön andickt.

Machen Sie sich bitte keine Sorgen, falls die Mischung nicht dick wird: Fangen Sie einfach in einem sauberen Rührgefäß nochmals mit Soja-Drink, Essig und Senf an. Lassen Sie dann die geronnene Mischung vom ersten Versuch erst tröpfchenweise und dann in einem dünnen Strahl zulaufen.

Unser Tipp:
Verwenden Sie für diese selbstgemachte Mayonnaise bitte nur Soja-Drink! Mit anderen Milchalternativen funktioniert das Rezept nicht, denn das natürliche Lecithin, das in Soja enthalten ist, ist zum Emulgieren notwendig!

Vegan – es geht nicht um Verzicht, sondern um Gewinn

Es ist ganz klar, dass eine Ernährungsumstellung wirklich niemals funktionieren kann, wenn permanent die Idee um Verzicht und Verbot dominiert.

Eine Änderung des Essverhaltens gelingt nur dann, wenn man verstanden hat, dass eine Umstellung der Ernährungsgewohnheiten zu mehr Wohlbefinden, Gesundheit und allgemein einem besseren Leben führt. Es geht also um einen deutlichen Gewinn!

Die Ernährungsumstellung findet immer zuerst im Bewusstsein statt und erst dann auf dem Teller. Damit ist also nicht die kurzfristige Aufmerksamkeit gemeint, die ein neuer Nahrungsmittelskandal auslöst. Vielmehr geht es um einen Umdenkprozess, eine Wissensmehrung in diesem Bereich sowie ein wirkliches Interesse, um Dinge genau anzuschauen und zu hinterfragen.

Der Mensch kann ohne Essen nicht existieren und trotz dieser elementaren Grundbedeutung klammern die meisten Menschen dieses so wichtige Thema „Ernährung" noch immer fast komplett aus ihrem Bewusstsein aus. Viel zu viele denken leider, dass gesundes Essen unspektakulär ist. Wenn es um ein gesundes Essverhalten geht, stellen sich viele jemanden vor, der lustlos an einer Möhre oder eine Stange Staudensellerie knabbert. Gesunde Ernährung scheint dem Schlemmen komplett gegenüber zu stehen.

Doch das ist eine absolute Fehlvorstellung von vollwertiger und gesunder Ernährung!

Richtig durchgeführt ist sie die Grundlage für mehr Wohlbefinden, ein Plus an Lebenskraft und mehr Gesundheit. Und eines steht mit Sicherheit fest: Gesunde Ernährung und hochwertiger Genuss schließen sich keinesfalls aus, sondern gehen ganz im Gegenteil Hand in Hand!

Ein größeres Bewusstsein schafft Existenz

Es ist von unglaublich großer Bedeutung, den Blick für die Dinge zu weiten, die mit den Nahrungsmitteln zusammenhängen. Eine Möhre kann als eine unbelebte Substanz angesehen werden, die zu einem geschmackvollen Gericht zubereitet werden kann. Wenn aber in der Möhre die wertvolle Arbeit und Mühe des Gärtners gesehen wird, das Sonnenlicht, das dieses Gemüse in sich trägt und das Wunder der vegetativen Kraft, dann wird diese Möhre zu einem wertvollen Nahrungsmittel, mit dem man viel achtsamer umgeht. Der Gesundheitsaspekt, der mit diesem hochwertigen Lebensmittel verbunden ist, rückt immer klarer in den Vordergrund und die fertig zubereitete Speise löst ein inneres Wohlgefühl aus.

Genauso ist es mit allen Dingen des Lebens: Bewusstsein schafft Existenz!

So können Sie beispielsweise ein Kalbsschnitzel als ein Fleischstück betrachten, das Sie vom örtlichen Metzger holen. Oder Sie blicken buchstäblich über den Tellerrand hinaus und sehen das Mehr dahinter: Ein Tier mit eigenen Bedürfnissen und Gefühlen, das geboren wurde, seiner Mutter entzogen wurde, ein kurzes qualvolles Leben hatte und schließlich geschlachtet und zerteilt wurde – nur um als Fleisch auf dem Teller zu liegen.

Es liegt an uns allein, ob wir uns entschließen, diese Hintergründe auszublenden und so weiterzumachen wie bisher oder ob wir etwas gezielt an unserer Lebensweise verändern möchten. Eines steht jedoch mit Sicherheit fest: Die Rückwirkung unseres Handelns wird uns in jedem Fall erreichen. Es ist ähnlich wie mit der Schwerkraft: Ob wir sie nun leugnen, sie befürworten oder sie ignorieren: Sie wirkt auf alle Menschen gleich! Nur wer sich geduldig mit ihr auseinandersetzt und in der Tiefe versteht, kann sie letztlich auch überwinden.

Versuchen Sie zudem – im Rahmen Ihrer Möglichkeiten – Nahrungsmittel aus kontrolliert biologischem Anbau zu verwenden, denn diese sind nicht nur deutlich weniger mit Pestiziden und Düngemitteln belastet, sondern haben auch eine viel bessere Klimabilanz.
Konventionell hergestellte Lebensmittel – auch regionale – können unterschiedlich stark mit Schadstoffen belastet sein. Die Pestizide, die hier mitgegessen werden, können sogar nachträglich im Urin nachgewiesen werden! Sie wandern somit durch Ihren gesamten Organismus. Wenn Sie also wirklich gesund essen und leben möchten, sollten Sie auf eine hochwertige Bio-Qualität setzen.

Unser Ernährungsverhalten beeinflusst das Klima dieser Erde
Denken Sie auch bitte immer daran, dass unsere tägliche Ernährung das ganze Weltklima beeinflusst. Eine Änderung unseres Essverhaltens im Sinne einer pflanzlichen, vollwertigen und biologischen Kost hätte einen sehr positiven Einfluss auf das ganze Erdklima!

Je ferner das Herkunftsland eines bestimmten Nahrungsmittels ist, umso schlechter ist auch seine Klimabilanz. Auch der Vitalstoffgehalt sowie der Geschmack verbleiben durch den frühzeitigen Erntevorgang in einem unreifen Zustand und gehen leider durch lange Transportwege verloren. Achten Sie aus diesem Grund unbedingt auf die Herkunftsbezeichnung von Nahrungsmitteln und greifen Sie zunächst einmal zu heimischen Gemüse- und Fruchtsorten.

Um Sommergemüse-Sorten auch in den Wintermonaten herstellen zu können, braucht es Gewächshäuser, die mit einem unglaublich hohen Energieaufwand beheizt werden müssen. Dennoch werden Sie den Unterschied zwischen einer sonnengereiften Tomate sowie einer solchen, die unter Glas herangereift ist, schmecken.

Passen Sie Ihre Nahrungsmittelauswahl daher an die jeweilige Jahreszeit an und profitieren Sie vom maximalen Nähr- und Vitalstoffgehalt sowie von einem vollen Geschmack!
Eine saisonale Ernährung bringt Ihnen eine bunte und natürliche Vielfalt auf den Tisch und legt den Grundstein für mehr Wohlbefinden und Gesundheit!

Hinweis zu den Rezepten

Haben Sie bereits durch das Buch geblättert? Dann ist Ihnen sicherlich bereits aufgefallen, dass in diesem Buch auf die typischen Serviervorschläge verzichtet wurde. Die Frage, die sich Ihnen nun vermutlich stellt, ist, warum das so ist. Gerne möchten wir Ihnen hierzu an dieser Stelle eine kurze Erläuterung geben. Aussagekräftige und hochqualitative Bilder sind nicht nur sehr teuer in der Erstellung oder Beschaffung, sondern vor allem auch im Druck. Niemand möchte auf den Kosten sitzen bleiben und Sie könnten von dem Kochbuch nicht im aktuellen Umfang profitieren, wenn wir den Preis verlangen müssten, den es aufgrund der Bebilderung haben würde. Wir möchten Ihnen mit diesem Kochbuch einen Mehrwert im Alltag bieten und Ihnen gleichzeitig unnötige Produktionskosten ersparen. In unseren Augen ist das nämlich ein fairer Umgang mit unseren treuen Leserinnen und Lesern.

Prinzipiell sind die Rezepte in diesem Buch ganz einfach Schritt für Schritt erklärt, sodass wirklich nichts schiefgehen kann. Und wenn wir mal ehrlich sind, sehen bei Ihnen die fertig gekochten Gerichte so aus, wie auf den Hochglanzbildern mancher Kochbücher? Nein? Das liegt nicht selten daran, dass diese, schon während der Bildaufnahmen, mit verschiedenen technischen Mitteln künstlich bearbeitet und verschönert wurden. Zu Recht sind Sie also nicht dazu bereit, zwischen 20 und 50 Euro mehr zu bezahlen. Durch den Verzicht auf ein bebildertes Kochbuch müssen Sie also keine „unzutreffenden"-Serviervorschläge bezahlen und können trotzdem mit den Rezepten zu einem deutlich günstigeren Preis voll auf Ihre Kosten kommen.

Des Weiteren hat Kochen auch immer etwas mit der eigenen Kreativität zu tun. Sie werden besonders am Anfang vermutlich die Rezepte so nachkochen, wie Sie sie hier vorfinden, doch schnell werden Sie eigene Variationen kreieren – Sie werden also selbst kreativ und können Ihren kulinarischen Ideen freien Lauf lassen. Spätestens dann sind die Serviervorschläge nicht mehr up to date. Und wenn wir schon einmal bei der eigenen kulinarischen Kreativität sind, am Ende des Buches finden Sie mehrere Rezeptvorlagen, an denen Sie Ihre Eigenkreationen nach Lust und Laune implementieren können. Dazu erfahren Sie aber später unter dem Kapitel „BONUS: Rezeptvorlagen zum Ausfüllen" mehr. Dieses Kochbuch vereint geschmackvolle Rezepte mit individuellem Tatendrang, sodass Sie sich frei auslassen können. Wir wünschen Ihnen schon an dieser Stelle ein gutes Gelingen und natürlich einen guten Appetit!

Nährwertangaben und Abkürzungen

Bei jedem Rezept werden Sie natürlich auch die Nährwertangaben vorfinden. Die Angaben beziehen sich jeweils auf eine Portion, allerdings können diese variieren. Das hat gleich mehrere Gründe. Zum einen richten sich die Nährwertangaben verschiedener Produkte nur an Durchschnittswerten. So kann beispielsweise der Fruchtzuckergehalt zwischen den einzelnen Obstsorten variieren, aber auch innerhalb derselben Fruchtsorte unterschiedlich ausfallen. Die Produkte können also natürlichen Schwankungen unterliegen. Zum anderen gibt es erhebliche Schwankungen zwischen Bio- beziehungsweise TK-Obst und Gemüse und dem konventionellen Anbau, sodass auch hier Veränderungen bezüglich der Nährwerte resultieren können. Ein weiterer Punkt, weshalb Nährwertangaben variieren können, sind eigene Rezeptkreationen. Jeder von uns probiert gerne eigene Abwandlungen und Speisekompositionen aus. So macht das Kochen Spaß und weckt die Kreativität des Einzelnen. Allerdings kann das zu abgewandelten Nährwertangaben führen, denn es macht durchaus einen Unterschied, ob Schmand oder fettarmer Naturjoghurt verwendet wird. Bedenken Sie also, dass die Nährwerte sämtlicher Rezepte lediglich Durchschnittswerte sind und sich explizit auf das Rezept, so wie Sie es in diesem Kochbuch vorfinden, richten.

In jedem Rezept werden Sie zusätzlich noch Angaben zur Portion vorfinden, ebenso zur Zubereitungszeit und dem Schwierigkeitsgrad der Zubereitung. Hieran können Sie sich orientieren, wenn Sie eines der Rezepte für Ihre Liebsten nachkochen möchten. Hier finden Sie übrigens noch eine Erklärung der in den Rezepten verwendeten Abkürzungen.

Kurze Erklärung zu den entsprechenden Abkürzungen:

EL	Esslöffel
g	Gramm
kcal	Kilokalorie
kg	Kilogramm
l	Liter
ml	Milliliter
Msp.	Messerspitze
Pkg.	Packung
Stk.	Stück
TL	Teelöffel

Frühstück

Mit den folgenden veganen Frühstücksideen starten Sie perfekt und voller Energie in Ihren Tag. All unsere Rezeptkreationen sind einfach zuzubereiten und perfekte geeignet – sowohl als Alltagsfrühstück als auch für ein entspanntes Wochenend-Frühstück.

Vegan frühstücken ist viel einfacher als viele Menschen denken. Und nicht nur das: Sie müssen auch bei rein pflanzlichen und tierproduktfreien Gerichten absolut nicht auf Geschmack verzichten.

Ganz egal, ob herzhaft oder süß: Hier ist mit Sicherheit für jeden das Richtige dabei. Lassen Sie es sich gut schmecken und starten Sie gesund in Ihren Tag!

1. Leckere Früchtchen mit frischem Grießbrei

Kalorien: 310 kcal | Fett: 5 g | Kohlenhydrate: 58 g | Eiweiß: 6 g

Zubereitungszeit: 10 min
Portionen: 1
Schwierigkeit: leicht

Zutaten:

- 2 EL Cashew-Mus
- ½ TL Bourbon Vanille
- 2 EL Agavensirup
- 50 g frische Heidelbeeren
- 50 g Bio-Himbeeren
- 500 ml ungesüßter Bio-Mandeldrink
- 60 g Weichweizengrieß

Zubereitung:

1. Geben Sie zuerst die Mandelmilch in einen Kochtopf und bringen alles zum Kochen. Sobald die Mandelmilch kocht, können Sie die Temperatur etwas herunterdrehen und nach und nach den Weichweizengrieß untermischen.
2. Bringen Sie nun alles für 3 Minuten unter ständigem Rühren zum Kochen.
3. Rühren Sie nach und nach noch das Cashew-Mus, die Bourbon Vanille und den Agavensirup unter. Den Deckel auf den Kochtopf legen und alles für 3 Minuten quellen lassen.
4. Waschen Sie in der Zwischenzeit die frischen Beeren gründlich ab.
5. Füllen Sie den Grießbrei nun in eine Dessertschale und garnieren alle mit den frischen Beeren.

Tipp: Sie können hier auch eine andere pflanzliche Milchvariante wie zum Beispiel Kokos- oder Hafermilch verwenden.

2. Himmlische Pfannkuchen mit Bananen

Kalorien: 130 kcal | Fett: 3 g | Kohlenhydrate: 23 g | Eiweiß: 54 g

Zubereitungszeit: 15 min
Portionen: 6-8
Schwierigkeit: leicht

Zutaten:
- 125 g Dinkelmehl
- 1 TL Ahornsirup
- 3 EL Kakaopulver
- 180 ml Bio-Sojadrink
- 1 reife Bio-Banane
- 1 ½ TL Backpulver
- 2 TL Kokosöl
- Etwas Kokosöl zum Braten

Zubereitung:
1. Widmen Sie sich zuerst dem Pancakes-Teig und vermischen dafür in einer Rührschüssel, das Backpulver mit dem Kakopulver und dem Mehl miteinander.
2. Schälen Sie als zweites die Banane und zerdrücken diese ganz klein. Geben Sie in einen Messbecher nun das Kokosöl, den Ahornsirup, die Sojamilch und die Banane. Vermengen Sie alles gründlich miteinander und geben alles zu der Mehl-Mischung hinzu.
3. Erhitzen Sie nun in einer Pfanne das Kokosöl und geben nun jeweils 2 EL Teig hinein. Backen Sie die Pfannkuchen für 3 Minuten von jeder Seite aus.
4. Anschließend die Pancakes auf Tellern anrichten und servieren.

Tipp: Diese wunderbar himmlischen Pfannkuchen sind der ideale Start in den Tag. Sie können alternativ hier auch Mandelmilch verwenden und mit anderen Früchten wie zum Beispiel Heidelbeeren, Erdbeeren oder auch Himbeeren die Pfannkuchen garnieren.

3. Veganes Frühstücksbrot

Kalorien: 220 kcal | Fett: 7 g | Kohlenhydrate: 34 g | Eiweiß: 5 g

Zubereitungszeit: 55 min
Portionen: 1 Brot
Schwierigkeit: leicht

Zutaten:

- 120 g Kokosblütenzucker
- 2 reife Bio-Bananen
- 1 Prise Salz
- 4 EL ungesüßter Bio-Mandeldrink
- 4 EL Kokosöl
- 1 EL Apfelessig
- ½ TL Zimt
- 2 EL gehackte Walnüsse
- 2 EL gehackte Cashewnüsse
- 1 ½ TL Backpulver
- 70 g Haferflocken, zart
- 170 g Dinkelmehl
- 25 g Schokodrops

Für das Topping:
- Etwas Ahornsirup
- 1 Bio-Banane

Zubereitung:

1. Zuerst die Bananen schälen. Anschließend klein drücken und mit dem Kokosöl, der Mandelmilch, dem Kokosblütenzucker und dem Apfelessig in einer Rührschüssel vermengen. Mischen Sie nun noch die Cashewnüsse mit den Haferflocken, den Walnüssen, dem Dinkelmehl, dem Zimt, dem Backpulver und Salz unter den Teig. Nochmals alles gründlich miteinander verrühren und nach und nach die Schokodrops einrühren.

2. Eine Kastenform fetten und den Teig hineinfüllen. Schälen und halbieren Sie für das Topping nun die Banane und legen diese auf das Brot. Träufeln Sie noch den Ahornsirup darüber und geben alles für 30 Minuten bei 180 Grad in den Backofen.

3. Regulieren Sie nach dieser halben Stunde die Temperatur auf 150 Grad herunter und backen das Brot nochmals für 20 Minuten. Anschließend das Brot herausnehmen und auskühlen lassen.

4. Frische marmorierte Waffeln

Kalorien: 140 kcal | Fett: 2 g | Kohlenhydrate: 27 g | Eiweiß: 4 g

Zubereitungszeit: 20 min
Portionen: 4
Schwierigkeit: leicht

Zutaten:
- 2 TL Kakaopulver
- 90 g Dinkelmehl
- 90 ml ungesüßter Bio-Mandeldrink
- 1 reife Bio-Banane (zerdrückt)
- 1 EL Mandelmus
- 1 TL Apfelessig
- ½ TL Zimt oder Bourbon Vanille
- 1 TL Ahornsirup
- 1 TL Backpulver
- Etwas Kokosöl zum Einfetten

Zubereitung:
1. Geben Sie zuerst in eine Rührschüssel das Backpulver mit dem Mehl und dem Zimtpulver oder der Bourbon Vanille. Vermischen Sie alles gründlich miteinander.
2. In einen Mixbecher nun das Mandelmus, den Ahornsirup, die Mandelmilch und die Banane geben und pürieren. Die Bananenmischung nun zu der Mehlmischung geben und verrühren. Den Apfelessig untermengen und zu einem glatten Teig vermischen. Sie können hier bei Bedarf gerne noch etwas Mandelmilch hinzugeben.
3. Geben Sie nun die Hälfte des Teigs wieder in einen Mixbecher und mischen das Kakaopulver unter. Heizen Sie das Waffeleisen vor und geben etwas Kokosöl hinein.
4. Nun nach und nach jeweils 1 EL hellen Teig und 1 EL dunklen Teig in das Waffeleisen geben. Die frischen Waffeln ausbacken und genießen.

Tipp: Sie können hier als Topping noch nach Belieben etwas frische Beeren hinzugeben oder Zimt darüber streuen, ganz wie Sie es gerne mögen.

5. Perfect-Day-Müsli

Kalorien: 670 kcal | Fett: 31 g | Kohlenhydrate: 80 g | Eiweiß: 17 g

Zubereitungszeit: 5 min
Portionen: 2
Schwierigkeit: leicht

Zutaten:
- 2 EL Rosinen
- 70 g Hirseflocken
- 1 EL Leinsamen
- 300 ml Bio-Haferdrink
- 4 EL Sonnenblumenkerne
- 1 Prise Zimt
- 2 EL Kokosflocken
- 100 g Bio-Heidelbeeren
- 4 EL gepuffte Hirse
- 2 EL Erdbeermarmelade

Zubereitung:
1. Beginnen Sie zuerst damit, die Rosinen, die Hirseflocken und die gepuffte Hirse auf zwei Müslischalen zu verteilen.
2. Geben Sie noch jeweils die Hälfte der Kokosflocken, der Sonnenblumenkerne und der Leinsamen hinzu.
3. Nun noch die Heidelbeeren waschen und auf beide Müslischalen verteilen. Je 1 Löffel Erdbeermarmelade und etwas Zimt noch hinzugeben und alles miteinander vermischen.
4. Den Haferdrink auf beide Schälchen aufteilen und das frische Müsli genießen.

Tipp: Dieses Müsli ist der perfekte Start in den Tag. Glutenfrei und eine volle Ladung Eisen stecken in dieser Powerbombe. Sie können die Früchte immer wieder je nach Saison variieren.

6. Winterliches Frühstück

Kalorien: 415 kcal | Fett: 17 g | Kohlenhydrate: 55 g | Eiweiß: 8 g

Zubereitungszeit: 15 min
Portionen: 2
Schwierigkeit: leicht

Zutaten:
- 1 frischer Bio-Apfel
- ½ Bio-Zitrone
- 60 g 3-Korn-Flocken
- 1 EL Ahornsirup
- 1 Stück Ingwer (ca. ½ cm)
- ½ Bio-Avocado
- ½ Granatapfel
- 300 ml Bio-Mandeldrink (ungesüßt)
- 4 EL Dinkel gepoppt

Zubereitung:
1. In einem ersten Schritt können Sie damit beginnen, die 3-Korn-Flocken für 30 Minuten in Wasser einzuweichen. Den Granatapfel vierteln und die Kerne vorsichtig herauslösen.
2. Waschen Sie nun noch den Apfel, schneiden diesen in Viertel und entferne das Kerngehäuse. Noch mit etwas Zitronensaft beträufeln und zur Seite stellen.
3. Die Avocado nun halbieren, den Kern entfernen, schälen und das Fruchtfleisch herauslösen. Das Avocadofleisch nun würfeln.
4. Die eingeweichten Getreideflocken nun abgießen und auf Dessertschalen verteilen. Den Ingwer nun noch reiben und hinzugeben.
5. Nach und nach noch den Apfel und die Avocadowürfel auf die Dessertschälchen verteilen. Den Ahornsirup darüber geben. Zum Schluss noch den Mandeldrink hinzugeben und alles servieren.

Tipp: Dieses Frühstück ist ein absoluter Immunsystem-Booster. Ingwer und Granatapfel sind nicht nur äußerst lecker, sondern schützen auch vor Infektionen.

7. Superfood-Frühstück

Kalorien: 510 kcal | Fett: 17 g | Kohlenhydrate: 67 g | Eiweiß: 16 g

Zubereitungszeit: 10 min
Portionen: 2
Schwierigkeit: leicht

Zutaten:
- 200 g Kirschen
- 3 EL Chia-Samen
- 2 EL Goji-Beeren
- 200 ml Bio-Mandeldrink (ungesüßt)
- 1 EL Sesam
- 200 g veganer Vanille-Joghurt
- 2 EL getrocknete Bananen-Chips
- 60 g Buchweizenflocken
- 2 TL Bio-Agavendicksaft

Zubereitung:
1. Für Ihr Superfood-Frühstück müssen Sie zuerst die Chia-Samen in dem Mandeldrink für 30 Minuten einweichen lassen. Rühren Sie alle 10 Minuten um, damit sich keine Klumpen bilden können.
2. Währenddessen können Sie die Kirschen waschen und entkernen.
3. Den veganen Joghurt nun auf Dessertschalen verteilen und die Kirschen hinzugeben. Nun noch die Bananen-Chips, die Goji-Beeren und die Buchweizenflocken zu dem Joghurt geben.
4. Die eingeweichten Chia-Samen zum Schluss über den Joghurt geben und alles mit Sesam und Agavendicksaft garnieren.

Tipp: Dieses Frühstück ist eine wahre Nährstoff-Bombe. Chia-Samen und Goji-Beeren sind Superfoods, die reichlich Eisen und Eiweiß enthalten. Die übrigen Zutaten sind durch viele Vitamine, Ballaststoffe und Eisen ein perfektes Frühstück zum Tagesbeginn.

8. Karibischer Traum

Kalorien: 650 kcal | Fett: 24 g | Kohlenhydrate: 86 g | Eiweiß: 20 g

Zubereitungszeit: 10 min
Portionen: 2
Schwierigkeit: leicht

Zutaten:
- 60 g Dinkelflocken
- 1 EL Mohn
- 1 Mango
- 350 ml veganer Vanille-Joghurt
- 1 Spritzer Vanilleextrakt
- 1 Bio-Kiwi
- 6 entsteinte Datteln
- 40 g Mandeln (gehobelt)
- 4 EL Amarant, gepufft

Zubereitung:
1. Für dieses exotische Frühstück zuerst die Mango schälen und das Fruchtfleisch herausschneiden. Anschließend klein Würfel und kurz zur Seite stellen.
2. Schälen Sie nun die Kiwi und schneiden diese ebenfalls in Würfel.
3. Verteilen Sie nun den Joghurt auf zwei Dessertschalen und geben nach und nach die frisch gewürfelte Mango und Kiwi hinzu. Den Amarant nun noch mit den Dinkelflocken hinzugeben.
4. Schneiden Sie für das Topping noch die Datteln klein und geben sie zusammen mit den Mandeln über das Müsli. Alles mit dem Mohn und dem Vanilleextrakt abschmecken und servieren.

Tipp: Als Alternative zur Mango können Sie auch 2 Sharon-Früchte verwenden.

9. Energy-Müsli

Kalorien: 225 kcal | Fett: 15 g | Kohlenhydrate: 15 g | Eiweiß: 6 g

Zubereitungszeit: 10 min
Portionen: 8
Schwierigkeit: leicht

Zutaten:
- 80 g Bananen-Chips
- 50 g Salatkerne-Mix
- 50 g Bio-Chia-Samen
- 50 g Mandelblättchen
- 70 g Apfel-Chips
- 50 g Bio-Leinsamen
- 50 g Kokos-Chips

Zubereitung:

1. Für diese Müsli-Mischung müssen Sie zuerst die Mandelblättchen zusammen mit dem Salatkerne-Mix, den Chiasamen und den Leinsamen in einer Pfanne ohne Fett anrösten. Alles aus der Pfanne nehmen und zur Seite stellen.

2. Schneiden Sie nach Bedarf noch die Kokos-, Apfel-, und Bananen-Chips etwas kleiner.

3. Vermengen Sie nun beide Mischungen miteinander und geben Sie alles in ein verschließbares Gefäß.

4. Diese Müslimischung können Sie nun bis zu 4 Wochen aufbewahren. Wichtig ist hier nur, dass das Gefäß luftdicht verschlossen ist.

10. Asiatisches Frühstück

Kalorien: 355 kcal | Fett: 21 g | Kohlenhydrate: 29 g | Eiweiß: 9 g

Zubereitungszeit: 10 min
Portionen: 8
Schwierigkeit: leicht

Zutaten:
- 100 g Kokos-Chips
- 1 TL Ingwer (gemahlen)
- 50 ml Bio-Ahornsirup
- 320 g Müslimischung, nach Ihrer Wahl (Fertigmischung)
- 100 g Erdnusskerne (gesalzen, geröstet)
- 2 EL Olivenöl

Zubereitung:
1. In einem ersten Schritt eine ofenfeste Pfanne mit dem Öl erhitzen. Den Ahornsirup ebenfalls hinzugeben und das Ingwerpulver unterrühren.
2. Geben Sie nun noch die Müslimischung mit den Kokos-Chips und den Erdnusskernen in die Pfanne. Alles bei stetigem Rühren für 5 Minuten anrösten. Anschließend die Pfanne von der Herdplatte nehmen und in den Backofen stellen.
3. Die Müslimischung nun bei 150 Grad für 25 Minuten rösten. Nach den 25 Minuten alles aus dem Ofen nehmen und etwas auskühlen lassen.
4. Sie können das selbstgemachte Müsli nun für etwa 4 Wochen in einem verschlossenen Glas aufbewahren.

Tipp: Für eine kleine Variation, können Sie noch 100 g Cranberrys hinzugeben.

11. Selbstgemachtes Frucht-Porridge

Kalorien: 390 kcal | Fett: 16 g | Kohlenhydrate: 50 g | Eiweiß: 9 g

Zubereitungszeit: 20 min
Portionen: 2
Schwierigkeit: leicht

Zutaten:
- 1 EL Kokosöl
- 2 Bio-Bananen
- 1/3 Bio-Ananas
- 2 TL Rohrohrzucker
- 200 ml Bio-Haferdrink
- 70 g Bio-Heidelbeeren
- 2 EL Sonnenblumenkerne
- ½ TL Zimtpulver
- 90 g Haferflocken, zart

Zubereitung:
1. Geben Sie in einen Topf nun 200 ml Wasser und bringen dieses zum Kochen. Die Haferflocken nun in das kochende Wasser geben und bei mittlerer Hitze etwas köcheln lassen.
2. Schälen Sie nun 1 Banane und zerdrücken diese etwas mit einer Gabel. Anschließend unter das Porridge mengen und 3 Minuten köcheln lassen.
3. Geben Sie nun noch den Haferdrink hinzu und lassen alles für 5 Minuten köcheln. Die übrige Banane ebenfalls schälen und klein schneiden.
4. Erhitzen Sie in einer Pfanne das Kokosöl und braten darin die Bananenscheiben von jeder Seite für 2 Minuten an. Nun noch den Zucker darüber geben und etwas auskühlen lassen.
5. Das Porridge vom Herd nehmen und mit den Sonnenblumenkernen und dem Zimt vermischen. Waschen Sie nun noch die Heidelbeeren und schälen die Ananas und würfeln diese klein. Das Porridge nun auf Dessertschalen verteilen und mit den Früchten, inklusive der Bananenscheiben garnieren und servieren.

12. Overnight-Oats „Vegan Style"

Kalorien: 580 kcal | Fett: 22 g | Kohlenhydrate: 73 g | Eiweiß: 15 g

Zubereitungszeit: 10 min
Portionen: 2
Schwierigkeit: leicht

Zutaten:
- 2 EL Haselnussblättchen
- 2 Bio-Äpfel
- 2 EL Rosinen
- 400 ml Bio-Haselnussdrink (oder Bio-Mandeldrink)
- 90 g Haferflocken, zart
- ¼ TL Zimt
- 1 ½ EL Saft einer Bio-Zitrone
- 3 EL Leinsamen, geschrotet
- 1 EL Bio-Ahornsirup

Zubereitung:
1. Beginnen Sie zuerst damit die Äpfel zu schälen, das Kerngehäuse zu entfernen und sie anschließend klein zu raspeln. Den Zitronensaft mit dem Zimt über die Äpfel geben und in Schraubgläser füllen.
2. Geben Sie nun die Leinsamen zusammen mit den Rosinen und den Haferflocken ebenfalls in das Schraubglas. Den Haselnussdrink darüber geben und verschließen. Stellen Sie alles für 12 Stunden in den Kühlschrank.
3. Nach 12 Stunden können Sie Ihr Frühstück herausnehmen und mit den Haselnussblättchen und dem Ahornsirup beträufeln. Guten Appetit!

Tipp: Dieses Frühstück eignet sich wunderbar zum Mitnehmen in die Arbeit. Stellen Sie hierfür die Overnight-Oats einfach wieder in den Kühlschrank, bis sie zur Arbeit gehen.

13. Hot-Berry-Frühstück

Kalorien: 440 kcal | Fett: 21 g | Kohlenhydrate: 50 g | Eiweiß: 10 g

Zubereitungszeit: 15 min
Portionen: 4
Schwierigkeit: leicht

Zutaten:
- 3 EL Kokosraspeln
- 200 g Haferflocken, kernig
- 300 g gemischte Beerenmischung (TK)
- 1 EL Speisestärke
- 50 g Walnusskerne
- 1 TL Zimt
- 200 ml Bio-Mandeldrink
- 4 EL Bio-Ahornsirup
- Etwas Salz
- 1 TL Kokosöl für die Form

Zubereitung:

1. Geben Sie 1 Prise Salz zusammen mit den Haferflocken in eine hitzebeständige Schüssel. Alles mit 350 ml kochendem Wasser übergießen und 10 Minuten quellen lassen.

2. In der Zwischenzeit können Sie nun die Walnusskerne etwas klein hacken.

3. Fetten Sie nun eine Auflaufform mit Kokosöl ein. Die Beeren nun zusammen mit der Stärke und 2 EL Ahornsirup vermengen. Nun alles in die Backform geben.

4. Mischen Sie nun das Zimtpulver mit den Kokosraspeln, den Nüssen und dem Mandeldrink unter das Haferflocken-Porridge.

5. Das Porridge ebenfalls in die Form geben und den Ahornsirup darüber träufeln.

6. Backen Sie jetzt alles für 30 Minuten bei 180 Grad. Anschließend können Sie das Porridge am besten warm genießen.

14. Green Breakfast mit Avocado

Kalorien: 545 kcal | Fett: 31 g | Kohlenhydrate: 44 g | Eiweiß: 15 g

Zubereitungszeit: 30 min
Portionen: 2
Schwierigkeit: leicht

Zutaten:
- 2 EL Saft von einer Bio-Limette
- 2 EL Lupinenflocken
- 50 g junger Grünkohl oder Baby-Spinat
- 2 EL Amarantflocken
- 60 g Bio-Himbeeren
- 200 ml Bio-Reisdrink
- 1 Bio-Kiwi
- 1 Bio-Apfel
- 2 EL Kokos-Chips
- 2 Medjool-Datteln
- ½ Bio-Avocado
- 1 TL Matcha-Pulver

Zubereitung:
1. Vermengen Sie in einer Rührschüssel zuerst die Amarantflocken mit den Lupinenflocken. Geben Sie den Reisdrink darüber und lassen alles für 12 Minuten quellen.
2. In der Zwischenzeit können Sie den Apfel waschen, vierteln und das Kerngehäuse entfernen und klein schneiden. Die Kiwi schälen und in Scheiben schneiden. Die Datteln nun entkernen und auch etwas klein schneiden.
3. Den Grünkohl in einem dritten Schritt waschen und klein schneiden. Die Avocado entkernen und das Fruchtfleisch herausnehmen und klein schneiden. Geben Sie nun die Hälfte der Kiwi, die Datteln, die Flockenmischung, den Apfel und Avocado in einen Multi-Zerkleinerer und mixen alles grob. Nun nach und nach noch 250 ml kaltes Wasser, das Matcha-Pulver, den Limettensaft und den Grünkohl hinzugeben und pürieren. .
4. Nun die Himbeeren waschen und trocken tupfen. Die fertige Bowl nun auf Müslischalen verteilen. Die Himbeeren mit der übrigen Kiwi und den Kokos-Chips garnieren und genießen.

15. Superfood-Energie-Riegel

Kalorien: 175 kcal | Fett: 9 g | Kohlenhydrate: 16 g | Eiweiß: 5 g

Zubereitungszeit: 10 min
Portionen: 10 Stück
Schwierigkeit: leicht

Zutaten:
- 40 g Buchweizen
- 40 g entsteinte Datteln
- 80 g Haferflocken, kernig
- 2 EL Bio-Chia-Samen
- 40 g geschälte Hanfsamen
- 40 g Goji-Beeren
- 3 EL Kokosöl
- 1 TL Vanilleextrakt
- 3 EL Bio-Agavendicksaft
- 50 g Mandelmus
- ½ TL Zimtpulver, Salz

Zubereitung:

1. Schneiden Sie zunächst die Datteln klein. Anschließend in einer Rührschüssel die Datteln zusammen mit den Haferflocken, den Goji-Beeren, den Chia-, den Hanfsamen und dem Buchweizen vermengen. Nun noch das Zimtpulver, den Vanilleextrakt und eine Prise Salz hinzugeben. Alles gut durchmischen.

2. Erhitzen Sie nun in einem Topf das Mandelmus zusammen mit dem Kokosöl und dem Agavendicksaft für 3 Minuten. Solange alles noch warm ist, geben Sie dies über die trockenen Zutaten. Alles gründlich miteinander vermischen.

3. Legen Sie Backpapier in eine Kastenform und befüllen diese mit der Riegel-Mischung. Achten Sie darauf, dass die Masse gleichmäßig ist und drücken Sie alles mit den Händen noch etwas fest an. Kurz auskühlen lassen und anschließend für 30 Minuten ins Gefrierfach geben. Alternativ können Sie die Masse auch über Nacht in den Kühlschrank stellen.

4. Schneiden Sie zum Schluss die Masse in Riegel. Im Kühlschrank halten sich die Energie-Riegel für 1 Woche. Sie können diese aber auch gerne einfrieren, dann verlängert sich die Haltbarkeit.

Hauptgerichte

Vegan essen ist sehr einfach und dabei äußerst gesund und geschmackvoll. Immer mehr Menschen entscheiden sich dazu, auf Tierprodukte zu verzichten: Damit tun Sie nicht nur der Umwelt sowie der Tierwelt etwas richtig Gutes, sondern auch Ihrer eigenen Gesundheit, dem Wohlbefinden sowie der Leistungsfähigkeit.

Im folgenden Kapitel möchten wir Ihnen zeigen, wie köstlich, vielseitig und abwechslungsreich eine vegane Ernährungsweise doch sein kann. Ihnen stehen zahlreiche kulinarische Möglichkeiten zur Verfügung und eine große Bandbreite an Nahrungsmitteln: Mit frischem Gemüse, vitaminreichen Früchten, Hülsenfrüchten, komplexen Kohlenhydraten in Form von Vollkornprodukten und Getreide, veganen Fleisch- und auch Milchalternativen können Sie viele verschiedene Gerichte zaubern.

Wir wünschen Ihnen viel Freude beim Nachkochen und Genießen!

16. Weißer Spargel an einem exotischen Frucht-Spiegel

Kalorien: 440 kcal | Fett: 19 g | Kohlenhydrate: 48 g | Eiweiß: 13 g

Zubereitungszeit: 55 min
Portionen: 4
Schwierigkeit: leicht

Zutaten:
- 4 Maracuja (Passionsfrüchte)
- 2 kg weißer Spargel
- 1 EL Quittengelee
- Salz, Pfeffer & 1 Prise Rohrzucker
- 2 Frühlingszwiebeln
- 4 EL Bio-Zitronensaft
- 4 EL Olivenöl + 3 EL Olivenöl für die Kartoffeln
- 1 TL abgeriebene Schale einer Bio-Orange
- 1 kg Bio-Kartoffeln (festkochend)
- 1 EL vegane rote Thai-Currypaste

Zubereitung:

1. Zuerst den Spargel schälen und holzige Enden entfernen. Etwas Salz und den Rohrzucker zusammen mit Wasser in einem Topf aufkochen lassen und den Spargel darin 10 Minuten bissfest kochen. Herausnehmen und auf eine Servierplatte legen.

2. Für den Fruchtspiegel nun die Passionsfrüchte halbieren und das Fruchtinnere herauslösen. Mit dem Quittengelee anschließend in einen Rührbecher geben und kurz pürieren. Im Idealfall bleiben die Kerne ganz. Nun durch ein Sieb geben und mit 1 EL der Kerne wieder vermischen.

3. Die Frühlingszwiebeln waschen und klein schneiden. Weißes und Grünes getrennt aufbewahren. Die weißen Frühlingsröllchen nun mit dem Fruchtpüree, dem Zitronensaft, dem Pfeffer, ½ TL Salz und der Orangenschale vermengen. Das Olivenöl untermischen und alles über den Spargel geben. Die Kartoffeln schälen und würfeln. Auf ein Backblech mit Backpapier ausgelegt legen. Currypaste, Öl und ¾ TL Salz darüber geben und vermischen. Im Ofen 30 Minuten knusprig backen. Zum Schluss alles zusammen mit dem Spargel auf Tellern anrichten und das Grün der Frühlingszwiebeln darüber geben.

17. Veganer Tofu-Topf mit Süßkartoffeln

Kalorien: 380 kcal | Fett: 18 g | Kohlenhydrate: 30 g | Eiweiß: 16 g

Zubereitungszeit: 15 min
Portionen: 2
Schwierigkeit: leicht

Zutaten:
- 1 EL Olivenöl
- 1 Zwiebel
- 150 ml Bio-Apfelsaft
- 125 g Räuchertofu
- ½ TL Kümmel, gemahlen
- 200 g Bio-Süßkartoffeln
- Salz
- Pfeffer
- ½ TL Paprikapulver, edelsüß
- 1 Pck. 3-Minuten-Sauerkraut

Zubereitung:
1. Kochen Sie zuerst 100 ml Wasser im Wasserkocher auf. Die Zwiebeln als nächstes schälen und würfeln. Den Tofu ebenfalls in Würfel schneiden. Erhitzen Sie in einem Topf das Öl und braten den Tofu zusammen mit den Zwiebeln darin für 2 Minuten an.
2. Schälen Sie in der Zwischenzeit die Süßkartoffeln und schneiden Sie in Scheiben. Geben Sie die Kartoffeln ebenfalls in den Topf und dünsten alles mit. Alles mit dem Apfelsaft ablöschen und das heiße Wasser hinzugeben. Mit Salz würzen und für 10 Minuten köcheln lassen.
3. Das Sauerkraut zusammen mit dem Kümmel und dem Paprikapulver unter den Süßkartoffel-Topf mischen und kurz aufkochen lassen. Alles mit Pfeffer und Salz abschmecken und servieren.

Tipp: Anstelle von Süßkartoffeln können Sie auch festkochende Kartoffeln verwenden. Diese benötigen dann in etwa 5 Minuten länger zum Gar werden.

18. Mediterrane Kräuter-Kartoffeln

Kalorien: 305 kcal | Fett: 14 g | Kohlenhydrate: 41 g | Eiweiß: 3 g

Zubereitungszeit: 15 min
Portionen: 4
Schwierigkeit: leicht

Zutaten:
- 4 Bio-Zwiebeln
- 2 Knoblauchzehen
- 800 g Bio-Süßkartoffeln
- 6 Thymianzweige
- 3 Rosmarinzweige
- 5 EL Olivenöl
- ½ TL Chiliflocken
- Etwas Salz
- Etwas Pfeffer

Zubereitung:
1. In einem ersten Schritt die Süßkartoffeln schälen und in Scheiben schneiden. Schälen Sie nun noch die Zwiebel und schneiden diese ebenfalls klein.
2. Die frischen Rosmarin- und Thymianzweige waschen, von den Stielen lösen und klein hacken. Geben Sie die Kräuter nun in eine Schüssel und vermengen sie mit etwas Pfeffer, Salz, den Chiliflocken und dem Olivenöl.
3. Den Knoblauch nun schälen und zu dem Kräuter-Olivenöl-Gemisch pressen. Wenden Sie nun die Zwiebeln und die Süßkartoffeln in diesem Kräuter Öl.
4. Anschließend die Mediterrane Zwiebel-Kartoffel-Mischung in eine ofenfeste Form geben und bei 200 Grad für 35 Minuten backen.
5. Alles aus dem Ofen nehmen und genießen!

19. American-Potatos

Kalorien: 300 kcal | Fett: 13 g | Kohlenhydrate: 39 g | Eiweiß: 13 g

Zubereitungszeit: 30 min
Portionen: 4
Schwierigkeit: leicht

Zutaten:
- 5 Knoblauchzehen
- 5 EL Olivenöl
- 1 kg Bio-Kartoffeln
- 5 Rosmarinzweige

Zubereitung:
1. Waschen Sie zuerst die Kartoffeln gründlich ab. Die Kartoffeln mit Wasser zum Kochen bringen und für 15-20 Minuten gar werden lassen. Anschließend das Wasser abgießen und die Kartoffeln zur Seite stellen.
2. Schälen Sie in der Zwischenzeit die Knoblauchzehen und hacken diese klein. Die Rosmarinzweige ebenfalls waschen, von den Zweigen befreien und klein hacken.
3. Vermengen Sie in einer Küchenschüssel nun das Olivenöl mit dem Rosmarin und dem Knoblauch. Legen Sie ein Backpapier auf ein Backblech und bepinseln dieses mit etwas Kräuter Öl.
4. Die Kartoffeln nun darauf geben und mit der Hand etwas zerquetschen. Das restliche Kräuter Öl darüber geben und alles im Ofen bei 220 Grad für 25 Minuten backen. Nach 12 Minuten können Sie die Kartoffeln einmal kurz wenden.
5. Die American Potatos aus dem Ofen nehmen und servieren.

20. Orientalisches Kartoffel-Püree

Kalorien: 265 kcal | Fett: 10 g | Kohlenhydrate: 34 g | Eiweiß: 8 g

Zubereitungszeit: 30 min
Portionen: 4
Schwierigkeit: leicht

Zutaten:
- 2 TL Sesam
- Prise Meersalz
- 1 kg mehligkochende Kartoffeln
- 75 g Sesampaste (Tahin)

Zubereitung:
1. Widmen Sie sich zuerst den Kartoffeln und schälen diese. Anschließend grob klein schneiden und in einem Topf mit Salzwasser zum Kochen bringen. Lassen Sie die Kartoffeln zugedeckt für 20 bis 30 Minuten köcheln. Sobald die Kartoffeln gar sind, das Wasser abgießen und auffangen.
2. Geben Sie die Kartoffeln nun in eine Schüssel. Vermengen Sie in einer separaten Schüssel nun die Tahin-Paste mit 175 ml vom Kartoffelwasser. Geben Sie dies nun zu den Kartoffeln und pürieren alles cremig. Anschließend mit Salz würzen.
3. Erhitzen Sie eine Pfanne, ohne Öl und rösten darin die Sesamsamen kurz an. Anschließend herausnehmen und über das Kartoffel-Püree geben.
4. Richten Sie nun alles auf Tellern an und genießen Sie Ihr leckeres Mittagessen.

21. Französisches Ratatouille

Kalorien: 345 kcal | Fett: 27 g | Kohlenhydrate: 17 g | Eiweiß: 7 g

Zubereitungszeit: 45 min
Portionen: 4
Schwierigkeit: leicht

Zutaten:
- 2 Auberginen
- 1 Rosmarinzweig
- 500 g Bio-Zucchini
- 3 Knoblauchzehen
- 1 rote Bio-Paprika
- 1 grüne Bio-Paprika
- 1 gelbe Bio-Paprika
- Etwas Salz
- 2 Chilischoten
- Etwas Pfeffer
- 100 ml Olivenöl
- 250 g Zwiebeln
- 1 kg Strauchtomaten

Zubereitung:
1. Legen Sie zuerst die Tomaten in kochendes Wasser. Anschließend abbrausen und die Haut ablösen. Die Tomaten halbieren und klein hacken. Waschen Sie nun die Auberginen und schneiden sie in Würfel. Geben Sie ein bisschen Salz darüber und lassen sie kurz ziehen.
2. Die Zucchini und die Paprika waschen und klein schneiden. Die Chilischote waschen, halbieren und klein schneiden. Die Zwiebel schälen und klein schneiden. Den Knoblauch ebenfalls schälen und würfeln. Die eingelegten Auberginen kurz abbrausen.
3. Erhitzen Sie 4 EL Olivenöl in einem Topf und dünsten darin die Zwiebeln und den Knoblauch an. Geben Sie nach und nach das restliche Gemüse hinzu und braten alles an. Gießen Sie zwischendurch immer wieder Öl hinzu. Würzen Sie alles mit Pfeffer und Salz. Zum Schluss die gehackten Tomaten hinzugeben und den Rosmarin darüber streuen. Alles für 45 Minuten gar werden lassen. Nochmals salzen, pfeffern und servieren.

22. Pilz-Lasagne

Kalorien: 570 kcal | Fett: 28 g | Kohlenhydrate: 63 g | Eiweiß: 15 g

Zubereitungszeit: 20 min
Portionen: 4
Schwierigkeit: leicht

Zutaten:

Für die Lasagne:
- 3 EL Olivenöl
- 500 g frische Bio-Champignons
- 2 Knoblauchzehen
- 3 EL vegane Margarine + 1 EL vegane Margarine zum Fetten
- 400 ml Tomatensauce
- 2 EL gehackte Haselnusskerne
- 250 g Lasagneplatten
- Etwas Pfeffer
- Etwas Salz

Für die Béchamelsauce:
- 2 EL Mehl
- 250 ml Hafersahne
- 1 Dose weiße Riesenbohnen

Zubereitung:

1. Die Pilze putzen und in Scheiben schneiden. Den Knoblauch schälen und hacken. Erhitzen Sie in einer Pfanne das Olivenöl und dünsten darin die Pilze an. Alles mit Pfeffer und Salz würzen. Knoblauch und 2 EL heißes Wasser untermengen und für 10 Minuten garen.

2. Die Bohnen abbrausen und mit der Hafersahne, Pfeffer und Salz in eine Rührschüssel geben und pürieren. Anschließend in einen Topf geben und dort erwärmen. Sieben Sie das Mehl darüber und vermengen Sie alles gründlich, bis die Sauce andickt. Fetten Sie eine ofenfeste Form mit veganer Margarine ein. Die Tomatensauce am Boden verstreichen und darüber 1 Nudelplatte legen. Schichten Sie nun abwechselnd Pilz-Mischung, Bohnen-Sauce, Nudelplatte, Tomatensauce in die Auflaufform. Zum Schluss sollten Sie mit der Nudelplatte abschließen. Haselnusskerne darüber streuen. Die Margarine in Flocken über die Nudelplatte legen. Alles im Ofen 45 Minuten bei 190 Grad backen.

23. Frühlingshafter Reis

Kalorien: 255 kcal | Fett: 7 g | Kohlenhydrate: 42 g | Eiweiß: 5 g

Zubereitungszeit: 20 min
Portionen: 2
Schwierigkeit: leicht

Zutaten:
- 2 EL TK-Schnittlauchröllchen
- 3 Frühlingszwiebeln
- 4 EL Gemüsebrühe
- Etwas Salz, Pfeffer und Zucker
- 250 g Basmatireis
- 2 Bio-Knoblauchzehen
- 2 TL Sesamöl

Zubereitung:
1. Widmen Sie sich zuerst dem Reis. Kochen Sie diesen mit der doppelten Menge an Flüssigkeit in einem Topf auf und lassen ihn zugedeckt für 15-20 Minuten köcheln.
2. In der Zwischenzeit können Sie die Frühlingszwiebeln waschen und in Ringe schneiden. Die Knoblauchzehen schälen und hacken. Erhitzen Sie in einer Pfanne das Sesamöl und dünsten darin Knoblauch und Zwiebeln für 3 Minuten an.
3. Mischen Sie nun den fertigen Reis und die Gemüsemischung unter und lassen alles für 5 Minuten garen.
4. Zum Schluss noch alles mit Pfeffer, Salz und 1 Prise Zucker würzen und mit den Schnittlauchröllchen garnieren.

Tipp: Sie können hier auch noch beliebig Gemüse wie Gurken oder Radieschen hinzugeben.

24. Indischer Erbsen-Reis

Kalorien: 305 kcal | Fett: 8 g | Kohlenhydrate: 49 g | Eiweiß: 8 g

Zubereitungszeit: 20 min
Portionen: 2
Schwierigkeit: leicht

Zutaten:
- 2 TL Saft von einer Bio-Zitrone
- 2 Frühlingszwiebeln
- 250 g Basmatireis
- 1 EL Olivenöl
- 1 getrocknete Peperoni
- Prise Meersalz, Pfeffer
- 4 EL Gemüsebrühe
- 80 g TK-Erbsen
- 4 Prisen Kurkuma, gemahlen
- 2 Prisen Zucker

Zubereitung:
1. Kochen Sie als erstes den Reis mit der doppelten Menge an Flüssigkeit auf. Zugedeckt für 15 Minuten bei schwacher Hitze köcheln lassen.
2. Waschen Sie in der Zwischenzeit die Frühlingszwiebeln und schneiden diese in Ringe. Die Peperoni ebenfalls zerkleinern. Erhitzen Sie in einer Pfanne nun das Öl und dünsten darin die Peperoni und die Zwiebeln für 3 Minuten an.
3. Geben Sie die TK-Erbsen und den Basmatireis hinzu. Nun noch Kurkuma und Gemüsebrühe untermengen und für 5 Minuten garen.
4. Zum Schluss noch Zucker, Pfeffer und Salz über den Reis geben und mit dem Zitronensaft abschmecken. Guten Appetit!

25. Tofu im Kräuter-Mantel

Kalorien: 375 kcal | Fett: 32 g | Kohlenhydrate: 12 g | Eiweiß: 18 g

Zubereitungszeit: 25 min
Portionen: 4
Schwierigkeit: leicht

Zutaten:
- ½ TL Bio-Ahornsirup
- 500 g Tofu
- 5 EL Rapsöl
- 2 Frühlingszwiebeln
- 1 Bund Basilikum
- 1 Bio-Limette
- 1 Bund Koriandergrün
- 100 g Cashewkerne
- 1 Prise Meersalz
- 1 Prise Pfeffer

Zubereitung:
1. Widmen Sie sich zuerst dem Tofu und schneiden diesen in 1 cm dicke Scheiben. Eine ofenfeste Form mit 1 EL Öl einstreichen und die Tofu-Scheiben nebeneinander hineinlegen.
2. Waschen Sie die Limette heiß ab und reiben Sie die Schale. 2 EL Limettensaft auspressen und kurz zur Seite stellen.
3. Waschen Sie die Frühlingszwiebeln und die Kräuter und schneiden Sie alles klein. Reiben oder hacken Sie anschließend die Cashewkerne und vermengen diese mit der Limettenschale, dem Limettensaft und der Kräutermischung. Das restliche Öl und den Ahornsirup untermischen und mit Pfeffer und Salz würzen.
4. Streichen Sie diese Paste nun auf den Tofu und backen Sie anschließend alles für 20 Minuten bei 220 Grad.
5. Sobald die Kräuterkruste goldbraun ist, den Tofu herausnehmen und servieren.

Tipp: Hierzu schmeckt besonders gut ein frischer und knackiger Salat.

26. Focaccia „Bella Italia"

Kalorien: 65 kcal | Fett: 3 g | Kohlenhydrate: 8 g | Eiweiß: 1 g

Zubereitungszeit: **20 min**
Portionen: **1 Blech (48 Stück)**
Schwierigkeit: **leicht**

Zutaten:
- ½ Würfel Hefe
- 500 g Weizenmehl (Typ 405)
- 140 ml Olivenöl
- 1 EL Zucker
- 2 Rosmarinzweige
- 2 TL Meersalz
- Etwas Mehl zum Bestäuben

Zubereitung:

1. Widmen Sie sich zuerst dem Teig und geben Sie hierfür 300 ml lauwarmes Wasser zusammen mit 1 EL Mehl und Zucker in eine Rührschüssel. Zerbröckeln Sie die Hefe und geben Sie ebenfalls zu dem Teig hinzu. Rühren Sie solange, bis sich die Hefe aufgelöst hat. Alles zugedeckt für 10 Minuten gehen lassen.

2. Das übrige Mehl in eine Rührschüssel geben und nach und nach mit 80 ml Öl und Salz vermischen. Alles zu der Hefemischung geben und mit den Knethaken vom Mixer 5 Minuten verrühren. Den Teig nun mit Mehl bestäuben und mit den Händen kneten. Nochmals zugedeckt für 1 Stunde an einem warmen Ort gehen lassen.

3. Legen Sie eine Form mit Backpapier aus und träufeln 2 EL Olivenöl darüber. Den Teig bemehlen und in die Form verteilen. Stechen Sie mit einem Kochlöffelstiel immer wieder alle 3 cm. Kurz in den Teig. 2 EL Olivenöl darüber träufeln und nochmals 1 Stunde gehen lassen.

4. Den Rosmarin waschen und die Nadeln abzupfen. Die Kräuter über die Focaccia streuen und bei 220 Grad für 30 Minuten backen.

5. Nach der Backzeit die Focaccia aus dem Ofen nehmen und etwas auskühlen lassen. Guten Appetit!

27. Leichtes Frühlingsgericht mit Kräuter-Dip

Kalorien: 255 kcal | Fett: 8 g | Kohlenhydrate: 34 g | Eiweiß: 11 g

Zubereitungszeit: 40 min
Portionen: 4
Schwierigkeit: leicht

Zutaten:
- 2 TL Saft von einer Bio-Zitrone
- 1 kg festkochende Kartoffeln
- 1 Bio-Salatgurke
- 500 g Seidentofu
- 2 EL Rapsöl
- ½ Bund Dill
- ½ Bund Schnittlauch
- ½ Bund Zitronenmelisse
- 2 TL Salz + 1 Prise Salz
- 1 EL scharfer Senf
- 1 Prise Pfeffer

Zubereitung:
1. Waschen Sie zuerst die Kartoffeln und geben sie anschließend in einen Topf mit Wasser. Das Wasser aufkochen und die Kartoffeln zugedeckt bei mittlerer Hitze für 30 Minuten gar werden lassen.
2. Schälen und raspeln Sie in der Zwischenzeit die Salatgurke. 2 TL Salz nun mit den Gurken in eine Schüssel geben und etwas durchziehen lassen.
3. Waschen Sie den Dill, die Zitronenmelisse und den Schnittlauch und schneiden alles klein. Die Flüssigkeit der Gurken nun abgießen und kurz stehen lassen.
4. Geben Sie nun den Tofu zusammen mit dem Senf, dem Rapsöl und den Kräutern zu den Gurken hinzu. Alles gut miteinander vermischen und mit Zitronensaft, etwas Salz und Pfeffer abschmecken.
5. Die Kartoffeln nun noch abgießen und zusammen mit dem Kräuter-Dip servieren.

28. Cremiger Wirsing mit Zitronen-Tofu

Kalorien: 435 kcal | Fett: 30 g | Kohlenhydrate: 12 g | Eiweiß: 21 g

Zubereitungszeit: 30 min
Portionen: 2
Schwierigkeit: leicht

Zutaten:
- Saft und Schale von ½ Bio-Zitrone
- 150 g Räuchertofu
- 1 Bio-Zwiebel
- 3 EL Olivenöl
- 400 g Wirsing
- 100 ml Pflanzensahne
- Salz, Pfeffer
- 100 ml trockener Weißwein (alternativ Gemüsebrühe)
- 1 Prise Muskatnuss
- 1 TL Bio-Agavendicksaft

Zubereitung:
1. Widmen Sie sich zuerst dem Wirsing. Entfernen Sie die äußeren Blätter, waschen und vierteln ihn anschließend. Den Strunk heraustrennen und klein schneiden. Schälen und schneiden Sie anschließend die Zwiebel klein. Den Tofu anschließend in 1 cm große Würfel schneiden.
2. Erhitzen Sie in einer Pfanne 1 EL Olivenöl und dünsten darin den Tofu für 3 Minuten an. Anschließend herausnehmen und zur Seite stellen.
3. Geben Sie das übrige Öl nun in die Pfanne und braten darin den Wirsing für 4 Minuten an. Die Zwiebeln hinzugeben und nochmals 1 Minuten dünsten. Löschen Sie alles mit dem Weißwein und der Pflanzensahne ab. Geben Sie nun noch 1 Prise Salz und Pfeffer, 1 Prise Muskatnuss und den Agavendicksaft hinzu und lassen alles zugedeckt für 20 Minuten köcheln.
4. Waschen Sie in der Zwischenzeit die Zitrone. Die Schale fein reiben und den Saft auspressen und beides unter das Gemüse mengen.
5. Würzen Sie nun den Rahmwirsing noch nach Belieben mit Pfeffer oder Salz und geben Sie zum Schluss den Tofu hinzu.

29. Vegane Spaghetti-Variation

Kalorien: 665 kcal | Fett: 23 g | Kohlenhydrate: 87 g | Eiweiß: 24 g

Zubereitungszeit: 15 min
Portionen: 2
Schwierigkeit: leicht

Zutaten:
- 30 g getrocknete Tomaten (Öl)
- 200 g Kirschtomaten
- 250 g Vollkorn-Spaghetti
- 2 Thymianzweige
- 30 g Mandeln
- 2 Bio-Knoblauchzehen
- Salz
- Pfeffer
- 2 EL Olivenöl

Zubereitung:
1. Waschen und halbieren Sie in einem ersten Schritt die Kirschtomaten. Nehmen Sie nun eine ofenfeste Form und legen die Tomaten mit der Schnittfläche nach oben dort hinein. Waschen Sie die Thymianzweige und zupfen diese klein. Den Knoblauch schälen und klein schneiden. Legen Sie beides nun über die Tomaten in die Form und träufeln 1 EL Öl darüber. Mit Pfeffer und Salz würzen und für 30 Minuten bei 200 Grad in den Ofen geben.

2. Nach der Garzeit die Ofen-Tomaten herausnehmen und kurz auskühlen lassen. Anschließend die Tomaten zusammen mit dem Thymian, dem Knoblauch, dem restlichen Olivenöl und den Mandeln in eine Rührschüssel geben und grob pürieren. Alles salzen und pfeffern und kurz zur Seite stellen.

3. Kochen Sie nun die Spaghetti nach Anleitung. Anschließend abgießen und wieder in den Topf geben. Vermengen Sie nun die Nudeln mit dem selbstgemachten Pesto und genießen Sie Ihr leckeres Mittagessen.

Tipp: Sie können auch noch etwas Kapern unter das Pesto mengen, wenn Sie dies möchten.

30. Würzige Avocado-Penne

Kalorien: 655 kcal | Fett: 30 g | Kohlenhydrate: 78 g | Eiweiß: 14 g

Zubereitungszeit: 30 min
Portionen: 4
Schwierigkeit: leicht

Zutaten:
- 2 Bio-Knoblauchzehen
- Meersalz
- 1 Bund Frühlingszwiebeln
- 400 g Penne (ohne Ei)
- 2 EL Jalapeños (aus dem Glas, in Scheiben geschnitten)
- 2 Bio-Avocados
- ½ Bio-Zitrone
- 200 g geröstete Paprika aus dem Glas (in Öl)
- 3 EL Olivenöl
- 200 ml Gemüsebrühe
- ½ Bund Petersilie

Zubereitung:
1. Kochen Sie zuerst die Nudeln nach Anleitung. Anschließend abgießen und kurz zur Seite stellen.
2. In der Zwischenzeit den Knoblauch schälen und würfeln. Die Frühlingszwiebeln waschen und in Ringe schneiden. Lassen Sie die Paprika etwas abtropfen und schneiden sie anschließend in Streifen. Die Jalapeños ebenfalls kurz abtropfen lassen.
3. Die Zitrone waschen und die Schale abreiben und den Saft auspressen. Die Avocados halbieren, den Kern entfernen und in Scheiben schneiden. Den Zitronensaft nun darüber träufeln.
4. Waschen Sie die Petersilie und hacken diese klein. Erhitzen Sie in einer Pfanne das Öl und dünsten darin den Knoblauch und die Frühlingszwiebeln an. Nach 2 Minuten die Paprika hinzugeben. Alles mit der Brühe ablöschen und für 5 Minuten köcheln lassen.
5. Mengen Sie nun die Nudeln, die Jalapeños, die Petersilie und die Zitronenschale unter. Noch mit Pfeffer und Salz abschmecken und die Avocado unterheben. Alles auf Tellern anrichten und servieren.

Desserts und Gebäck

Ganz egal, ob Kuchen, Pudding oder Tarte – Nachtisch schmeckt jedem und ist ein absolutes Must-have – auch in der veganen Küche.
Im folgenden Kapitel finden Sie Desserts und veganes Gebäck, das nicht nur einfach nachgebacken und nachgekocht werden kann, sondern auch unvergleichlich gut schmeckt.

Überzeugen Sie sich von der vielseitigen veganen Küche und integrieren Sie immer wieder neue Rezepte in Ihre tägliche Ernährung – auch als Nicht-Veganer!

Lassen Sie es sich schmecken!

31. Fruchtige Pancakes nach American Style

Kalorien: 225 kcal | Fett: 6 g | Kohlenhydrate: 35 g | Eiweiß: 5 g

Zubereitungszeit: 55 min
Portionen: 8 Stück
Schwierigkeit: leicht

Zutaten:
- 1 Bio-Orange
- 2 EL Kokosöl
- 2 EL Rohrohrzucker
- 150 ml Bio-Orangensaft
- 1 ½ TL Apfelessig
- 100 ml Bio-Ahornsirup
- 375 ml Bio-Sojadrink
- 225 g Mehl
- 1 ½ EL vegane Margarine
- 2 TL Backpulver
- 1 Prise Salz

Zubereitung:

1. Zuerst die Orange heiß abwaschen und die Schale reiben und den Saft auspressen. Den Saft nun mit dem zusätzlichen Orangensaft vermischen und in einen Topf geben. Den Ahornsirup noch hinzugeben und bis zur Hälfte einkochen.

2. Sieben Sie als nächstes das Mehl in eine Schüssel und geben das Backpulver und 1 Prise Salz hinzu. Die Margarine in einem Topf schmelzen. Vermengen Sie in einer weiteren Schüssel nun den Apfelessig mit dem Rohrohrzucker und dem Sojadrink. Mixen Sie alles gründlich durch und mengen die flüssige Margarine unter. Nach und nach noch die Mehlmischung hinzugeben und solange rühren, bis ein glatter Teig entsteht.

3. Erhitzen Sie nun eine beschichte Pfanne und bepinseln sie mit 1 TL Öl. Geben Sie 3 EL Teig in die Pfanne und streichen diesen glatt. Noch ½ TL Orangenschale darüber geben und für 3 Minuten bei 50 Grad im Backofen ausbacken. Sobald die Oberseite ein paar Bläschen schlägt, den Pfannkuchen wenden und nochmals 3 Minuten backen. Wiederholen Sie dies mit den restlichen Pancakes. Den Orangensirup den Ahornsirup dazu servieren. Guten Appetit!

32. Coconut-Berry-Traum

Kalorien: 390 kcal | Fett: 19 g | Kohlenhydrate: 44 g | Eiweiß: 7 g

Zubereitungszeit: 30 min
Portionen: 4
Schwierigkeit: leicht

Zutaten:
- 150 g Milchreis
- 2 EL Puderzucker
- 1 Bio-Orange
- 400 g Bio-Kokosmilch (Dose)
- 200 g Bio-Himbeeren
- 1 Pck. Vanillezucker

Zubereitung:
1. Beginnen Sie zuerst damit, die Kokosmilch in einem Topf zu erhitzen. Den Milchreis einstreuen und für 20 Minuten bei geringer Hitze köcheln lassen. Falls die Flüssigkeit eingekocht ist, können Sie noch etwas heißes Wasser hinzugeben.
2. Waschen Sie die Orange als nächstes heiß ab und reiben die Schale. Anschließend halbieren und den Saft auspressen. Geben Sie nun die Schale, den Saft und den Vanillezucker zu dem Reis hinzu und lassen alles noch für 3 Minuten quellen.
3. Die Himbeeren als nächstes Waschen und abtropfen lassen. Richten Sie den Milchreis nun auf Dessertschalen an und garnieren alles mit den frischen Himbeeren. Puderzucker darüber und genießen!

Tipp: Sie können hier je nach Saison auch andere Früchte wie zum Beispiel Erdbeeren, Heidelbeeren, Mangos oder Pflaumen verwenden.

33. Veganes Tiramisu

Kalorien: 825 kcal | Fett: 48 g | Kohlenhydrate: 84 g | Eiweiß: 11 g

Zubereitungszeit: 45 min
Portionen: 6
Schwierigkeit: leicht

Zutaten:
- 150 ml Espresso
- 2 EL Kakaopulver
- 70 g Rohrohrzucker
- 500 g Sojagurt
- 2 Pck. Bourbon-Vanillezucker
- 6 vegane Cookies
- 3 Tropfen Bittermandelaroma
- 1 Bio-Banane
- Etwas Meersalz
- 80 g ungesalzene Macadamia Nusskerne
- 400 g kalte, aufschlagbare Sojasahne
- 1 Pck. Sahnefestiger

Zubereitung:
1. Am Vortag ein sauberes Küchentuch über ein Sieb legen und über einen Topf setzen. Den Sojagurt hineingeben und die Ecken des Küchentuchs zusammenklappen und einen Teller darüberlegen. Den Joghurt über Nacht im Kühlschrank abtropfen lassen.
2. Am nächsten Tag den Espresso zubereiten und zur Seite stellen. Den Joghurt mit 20 g Zucker, Vanillezucker, 1 Prise Salz und dem Bittermandelaroma vermengen. Die Sahne aufschlagen und den Sahnefestiger hineingeben. Die Sahne dann unter den Joghurt mischen und kalt stellen. Die Macadamia Nusskerne hobeln. Die Banane schälen und klein schneiden. Den restlichen Zucker in einen Topf geben und mit 50 g Sojasahne und den Nüssen für 5 Minuten aufkochen lassen. 3 EL vom Espresso und die Bananen hinzugeben und erhitzen. Die Hälfte der Joghurtcreme in Schalen geben, den Nuss-Karamell darüber verteilen und je 1 Cookie darauflegen. 1 EL Espresso darüber träufeln und wieder etwas Joghurtcreme darauf streichen. Tiramisu für mindestens 2 Std. kühl stellen. Als Garnitur den Kakao darüber streuen und servieren.

34. Exotische Creme mit Mango

Kalorien: 415 kcal | Fett: 29 g | Kohlenhydrate: 31 g | Eiweiß: 5 g

Zubereitungszeit: 20 min
Portionen: 2
Schwierigkeit: leicht

Zutaten:
- 2 EL weiße Chia-Samen
- 1 Stängel Zitronengras
- 1 Bio-Mango
- ½ Bio-Limette
- 2 EL Kokosblütenzucker
- 300 g Bio-Kokosmilch (Dose)
- Etwas gemahlene Vanille

Zubereitung:
1. Waschen Sie zuerst das Zitronengras und entfernen die äußeren Blätter. Den Rest in feine Ringe schneiden. Widmen Sie sich nun der Limette und pressen den Saft aus.
2. Die Kokosmilch mit dem Zitronengras und der gemahlenen Vanille in einen Topf geben und aufkochen lassen. 10 Minuten ziehen lassen und anschließend durch ein Sieb geben. Den Limettensaft hinzugeben und alles mixen.
3. Zermahlen Sie die Chia-Samen in einem dritten Schritt und vermengen sie zusammen mit dem Kokosblütenzucker und der Kokosmilch. Alles in einen Mixer geben und pürieren.
4. Schälen Sie die Mango, entnehmen das Fruchtfleisch und schneiden es in Würfel. 1 EL der Mango Würfel nun in den Kühlschrank stellen.
5. Schichten Sie die Kokoscreme im Wechsel mit der übrigen Mango in Dessertschalen. Alles für 3 Stunden kühl stellen. Zum Schluss als Garnitur die übrigen Mangos darüber geben und servieren.

35. Süße Verführung

Kalorien: 80 kcal | Fett: 5 g | Kohlenhydrate: 5 g | Eiweiß: 2 g

Zubereitungszeit: 20 min
Portionen: 8 Stück
Schwierigkeit: leicht

Zutaten:
- 2 EL Kakaopulver
- 50 g entsteinte Datteln
- 30 g Mandeln
- 1 Prise Salz
- 30 g Bio-Walnusskerne
- 1 TL Bio-Ahornsirup
- 1 Pck. gemahlene Bourbon-Vanille

Zubereitung:
1. Entnehmen Sie zuerst 8 Mandeln und legen sie zur Seite. Den Rest grob hacken und in einer Pfanne, ohne Fett anrösten. Anschließend herausnehmen und zur Seite stellen.
2. Hacken Sie nun in einem zweiten Schritt die Datteln und die Walnusskerne. Vermengen Sie diese mit der Bourbon-Vanille, dem Salz und dem Ahornsirup. Geben Sie alles in einen Multi-Zerkleinerer und pürieren die Walnuss-Masse.
3. Formen Sie nun hieraus 8 Portionen und rollen sie zu Kugeln. Jeweils 1 Mandel in der Mitte platzieren.
4. Geben Sie das Kakaopulver in eine Schüssel und wälzen darin die Dattel-Kugeln. Servieren und genießen!

36. Schokoladen-Brownie-Traum

Kalorien: 285 kcal | Fett: 12 g | Kohlenhydrate: 38 g | Eiweiß: 3 g

Zubereitungszeit: 20 min
Portionen: 12 Stück
Schwierigkeit: leicht

Zutaten:
- 180 g Mehl
- 200 g Zucker
- 50 g Kakaopulver
- 80 g vegane Zartbitterschokolade (mind. 70 % Kakaoanteil)
- 100 ml Bio-Apfelsaft
- 1 Pck. Vanillezucker
- 100 ml Rapsöl
- ½ TL Zimt
- 100 ml Bio-Agavendicksaft
- 1 TL Backpulver
- 100 ml Bio-Haferdrink

Zubereitung:
1. Hacken Sie zuerst die Schokolade klein. In einer Rührschüssel nun Kakaopulver, Vanillezucker, Mehl, Zucker, Backpulver und Zimt vermischen. Nach und nach den Agavendicksaft, das Öl, den Apfelsaft und den Haferdrink zu hinzugeben und mit dem Mixer 2 Minuten verrühren.
2. Die Schokolade in einem zweiten Schritt unter den Teig mischen.
3. Legen Sie eine Auflaufform mit Backpapier aus und füllen den Teig hinein. Bei 180 Grad die Brownies nun für 40 Minuten backen.
4. Zum Schluss die fertigen Küchlein aus dem Ofen nehmen und etwas auskühlen lassen. In kleine Rechtecke schneiden und servieren.

37. Easy Cookies mit Mandeln

Kalorien: 165 kcal | Fett: 11 g | Kohlenhydrate: 11 g | Eiweiß: 4 g

Zubereitungszeit: 20 min
Portionen: 16 Stück
Schwierigkeit: leicht

Zutaten:
- 75 ml Bio-Ahornsirup
- 2 EL Bio-Chia-Samen
- 50 g Kokosöl
- 200 g Mandeln
- 1 ½ EL Kakao-Nibs
- 50 g entsteinte Datteln
- 30 g Kakaopulver
- 100 g Buchweizenmehl
- 1 TL Backpulver

Zubereitung:
1. Weichen Sie zuerst die Chia-Samen in 50 ml Wasser für 10 Minuten ein.
2. Zerhacken Sie in der Zwischenzeit die Mandeln mit einem Multi-Zerkleinerer. Die Datteln klein schneiden und zu den Mandeln geben und ebenfalls mixen. Nach und nach noch das Backpulver, das Mehl, das Kakaopulver, die Kakao-Nibs und das Chia-Gel in den Mixer geben und vermengen.
3. Erhitzen Sie das Kokosöl in einem Topf bis es flüssig wird. Geben Sie den Ahornsirup nun mit 100 ml Wasser und dem Kokosöl unter die Mehlmischung. Alles gut miteinander verrühren
4. Formen Sie nun aus jeweils 1 EL Teig eine Kugel. Setzen Sie diese auf ein mit Backpapier ausgelegtes Backblech. Mithilfe eines Kochlöffels nun die Kugeln etwas flach drücken und für 25 Minuten bei 200 Grad backen.
5. Die Cookies herausnehmen und auskühlen lassen.

38. Erfrischendes Sorbet mit einer Citrus-Note

Kalorien: 445 kcal | Fett: 29 g | Kohlenhydrate: 38 g | Eiweiß: 5 g

Zubereitungszeit: 30 min
Portionen: 4
Schwierigkeit: leicht

Zutaten:
- 40 g vegane Zartbitterkuvertüre (mind. 55 % Kakaoanteil)
- 125 g Zucker
- 1 EL Kakaopulver
- 2 Bio-Limetten
- ¼ TL gemahlene Vanille
- 2 Bio-Avocados
- 200 g Bio-Kokosmilch (Dose)

Zubereitung:
1. Erhitzen Sie in einem Topf 120 g Zucker zusammen mit 125 ml Wasser. Der Zucker muss sich vollständig auflösen, dann können Sie alles vom Herd nehmen.
2. 1 Limette heiß abwaschen, die Schale reiben und den Saft aus beiden Limetten auspressen. Die Avocados halbieren, entkernen und schälen.
3. Pürieren Sie die Avocados zusammen mit 4 EL Limettensaft. Die Kokosmilch mit dem Zucker-Gemisch, der Limettenschale und der Vanille vermengen.
4. Geben Sie das Sorbet nun in eine Metallschüssel und stellen alles für 1 Stunde in den Gefrierschrank. Das Eis kurz durchrühren und erneut in den Gefrierschrank stellen. Wiederholen Sie diesen Vorgang solange, bis ein richtiges Sorbet entstanden ist. Das dauert ungefähr 4-6 Stunden.
5. Für das Topping nun 6 EL Wasser mit dem restlichen Zucker und dem Kakao in einen Topf geben und erhitzen. Die Kuvertüre hacken, in die Sauce geben und schmelzen.
6. Das Sorbet in Dessertschalen geben und mit der Sauce überziehen. Guten Appetit!

39. Karibische Panna-Cotta

Kalorien: 335 kcal | Fett: 28 g | Kohlenhydrate: 35 g | Eiweiß: 4 g

Zubereitungszeit: 25 min
Portionen: 2
Schwierigkeit: leicht

Zutaten:
- 1 Stiel Minze
- ½ Vanilleschote
- 2 EL Puderzucker
- ½ Bio-Limette
- 200 g Bio-Erdbeeren
- 250 g Bio-Kokosmilch (Dose)
- ½ TL Agar-Agar
- 2 EL Zucker

Zubereitung:
1. Widmen Sie sich zuerst der Hälfte der Vanilleschote und kratzen das Mark heraus. Die halbierte Limette abwaschen, die Schale reiben und den Saft auspressen.
2. Geben Sie nun die Kokosmilch mit dem Vanillemark und der Schote in einen Topf. Den Zucker und die Schale der Limette noch untermischen und alles aufkochen lassen. Bei schwacher Hitze für 10 Minuten köcheln lassen.
3. Vermischen Sie in einer Rührschüssel nun 2 EL Wasser mit dem Agar-Agar und geben dies unter die Kokosmilch. Alles für 2 Minuten köcheln lassen. Anschließend vom Herd, die Vanilleschote herausnehmen und auskühlen lassen.
4. Füllen Sie die Creme nun in Dessertschalen oder Gläser und stellen diese für 2 Stunden in den Kühlschrank.
5. Für die Erdbeersauce nun die frischen Früchte waschen und mit 2 EL Puderzucker in einen Rührbecher geben. Fein pürieren und 2 TL Limettensaft untermischen. Die frische Minze waschen und die Blätter abzupfen.
6. Nehmen Sie das Dessert aus dem Kühlschrank, geben die Erdbeersauce darüber und garnieren alles mit der frischen Minze. Gute Appetit!

40. Vegane Schoko-Mousse

Kalorien: 595 kcal | Fett: 49 g | Kohlenhydrate: 32 g | Eiweiß: 6 g

Zubereitungszeit: **20 min**
Portionen: **2**
Schwierigkeit: **leicht**

Zutaten:

- 1 EL Kokosraspeln
- 70 g vegane Zartbitterschokolade (70 % Kakaoanteil)
- 3 EL Bio-Ahornsirup
- ½ Vanilleschote
- 1 EL Kakaopulver
- 50 g Bio-Kokosmilch (Dose)
- 1 reife Bio-Avocado

Zubereitung:

1. Widmen Sie sich zuerst der Schokolade und brechen sie in Stücke. Anschließend über dem heißen Wasserbad zum Schmelzen bringen. Wenn die Schokolade flüssig ist, die Schüssel herunternehmen und zur Seite stellen.

2. Schlitzen Sie die Vanilleschote auf und kratzen das Mark heraus. Geben Sie die Kokosmilch zusammen mit dem Vanillemark in einen Mixbecher. Die Avocado in einem nächsten Schritt halbieren, entkernen und das Fruchtfleisch mit einem Löffel aus den Schalen lösen. Anschließend die Avocado klein schneiden und zusammen mit dem Ahornsirup und dem Kakaopulver in den Mixbecher geben. Pürieren Sie nun alles zu einer cremigen Masse.

3. Mischen Sie als drittes die Schokolade sofort unter die Kokos-Avocado-Masse und mixen nochmals alles durch. Für 1 Stunde in den Kühlschrank stellen.

4. Zum Schluss können Sie aus der festen Mousse kleine Nocken machen oder sie in einen Spritzbeutel geben. Auf Dessertteller anrichten und mit den Kokosraspeln garnieren. Lassen Sie sich Ihr schokoladiges Dessert schmecken!

Tipp: Damit es noch fruchtiger wird, können Sie als Garnitur frische Heidel- und Himbeeren über die Mousse geben.

41. Power-Balls

Kalorien: 205 kcal | Fett: 15 g | Kohlenhydrate: 13 g | Eiweiß: 5 g

Zubereitungszeit: 15 min
Portionen: 6 Stück
Schwierigkeit: leicht

Zutaten:
- 2 EL zarte Haferflocken
- 2 EL getrocknete Goji-Beeren
- 60 g Bio-Mandelmus
- 2 TL Bio-Ahornsirup
- 3 EL gehackte Pistazienkerne
- 40 g gemahlene Haselnusskerne
- 2 EL Kakaopulver
- 2 EL Haselnusskrokant

Zubereitung:
1. Beginnen Sie in einem ersten Schritt damit, den Ahornsirup in einer Pfanne zu erhitzen. Die Haferflocken hinzugeben und etwas karamellisieren lassen. Anschließend herausnehmen und in eine Schüssel geben.

2. Nun das Mandelmus mit dem Kakaopulver, dem Haselnusskrokant und den Haselnusskernen in die Schüssel geben. Alles miteinander verkneten und 5 Minuten ruhen lassen.

3. In der Zwischenzeit die Goji-Beeren etwas klein hacken und zusammen mit den gehackten Pistazien auf einen Teller geben.

4. Formen Sie nun aus der Nuss-Masse 6 Kugeln. Als nächstes die Bällchen durch die Pistazien-Goji-Mischung wälzen, bis sie von allen Seiten damit bedeckt sind. Anschließend genießen oder in einem luftdicht verschlossenen Behälter aufbewahren.

Tipp: Falls Sie die Bällchen aufbewahren möchten ist es wichtig, dass diese im Kühlschrank sind. Sie können anstatt der Pistazien auch Kokosflocken verwenden, dann erhalten Ihre Power-Balls eine exotische Note.

42. Veganer Käsekuchen

Kalorien: 465 kcal | Fett: 29 g | Kohlenhydrate: 42 g | Eiweiß: 8 g

Zubereitungszeit: 30 min
Portionen: 12 Stück
Schwierigkeit: leicht

Zutaten:

Für den Boden:
- 160 g vegane Margarine
- 260 g Weizenmehl (Typ 405)
- 2 Msp. gemahlene Bourbon-Vanille
- ½ Pck. Backpulver
- 120 g Zucker
- 1 Prise Meersalz

Für die Füllung:
- 2 Pck. Vanillepuddingpulver (vegan)
- 800 g Seidentofu
- 160 g Zucker
- 240 g vegane Margarine
- 400 g Tofu
- 2 Bio-Zitronen

Zubereitung:

1. Vermengen Sie für den Boden zuerst das Backpulver mit dem Zucker, der gemahlenen Vanille, dem Mehl und 1 Prise Salz. Die Margarine in Stücken darüber geben und alles zu einem Teig verkneten. Eine Kuchenform einfetten und den Teig nun hineingeben. Den Rand hochziehen und alles für 1 Stunde kühlstellen.

2. Nach 40 Minuten Küchenpapier in ein Sieb legen und den Seidentofu hineingeben und für 10 Minuten abtropfen lassen. Die Margarine für die Füllung in einem Topf schmelzen und etwas abkühlen lassen. Waschen Sie die Zitronen nun heiß ab, reiben die Schale und pressen den Saft heraus.

3. Beides mit dem abgetropften Seidentofu, dem normalen Tofu, dem Puddingpulver und dem Zucker in eine Küchenmaschine geben und pürieren oder mixen. Die Tofu-Mischung auf den Kuchenboden geben und bei 180 Grad für 65 Minuten backen, Stichprobe mit einem Holzstäbchen machen und genießen.

43. Fruchtiger Erdbeer-Blechkuchen

Kalorien: 190 kcal | Fett: 6 g | Kohlenhydrate: 30 g | Eiweiß: 2 g

Zubereitungszeit: **20 min**
Portionen: **24 Stück**
Schwierigkeit: **leicht**

Zutaten:
- 4 Pck. veganer Tortenguss, klar
- 160 g weiche, vegane Margarine
- 2 kg frische Erdbeeren
- 300 g Zucker
- 2 Pck. Backpulver
- 3 Pck. Bourbon-Vanillezucker
- 320 g Weizenmehl (Typ 405)
- 120 ml Bio-Sojadrink

Zubereitung:
1. Für den frischen Blechkuchen zuerst die Margarine mit dem Vanillezucker und dem Zucker in einer Rührschüssel mit einem Mixer verrühren. Das Backpulver mit dem Sojadrink und dem Mehl hinzugeben und gut durchmixen.
2. Fetten Sie ein Backblech mit etwas Margarine ein und geben nun den Teig darauf. Anschließend den Boden für 20 Minuten bei 200 Grad backen.
3. Lösen Sie nach der Backzeit den Kuchen aus der Form und lassen ihn für 30 Minuten abkühlen.
4. Währenddessen können Sie die Erdbeeren waschen und den Strunk entfernen. Einmal halbieren und nach und nach mit der Schnittfläche nach unten auf dem Kuchenboden verteilen.
5. Rühren Sie nun den Tortenguss nach Anleitung an und geben ihn über den Erdbeerkuchen. Alles für 30 Minuten auskühlen lassen und anschließend servieren.

Tipp: Bei diesem Kuchen können Sie die Früchte variieren. Es eignen sich je nach Saison auch Pfirsiche oder Pflaumen.

44. Erfrischendes Coconut-Ice

Kalorien: 475 kcal | Fett: 30 g | Kohlenhydrate: 37 g | Eiweiß: 7 g

Zubereitungszeit: 20 min
Portionen: 20
Schwierigkeit: leicht

Zutaten:
- 1 EL Bio-Ahornsirup
- 2 Bio-Limetten
- 1 EL Rum
- 50 g heller Sesam
- 1 reife Papaya
- 100 g Rohrohrzucker
- 500 g Bio-Kokosmilch (Dose)

Zubereitung:

1. Zuerst die Limetten waschen, die Schale reiben und den Saft auspressen. Den Sesam nun in einer Pfanne ohne Fett goldbraun rösten. Anschließend herausnehmen und zur Seite stellen.

2. Karamellisieren Sie nun den Zucker in einem Topf. Geben Sie den Limettensaft und die Kokosmilch hinzu und lassen alles kurz aufkochen. Vom Herd nehmen und auskühlen lassen. Die Hälfte des gerösteten Sesams und die Limettenschale hinzugeben und verrühren.

3. Geben Sie die Kokos-Mischung nun in eine Form und stellen sie für 5 Stunden ins Gefrierfach. Rühren Sie zwischendurch immer kurz um, so erreichen Sie, dass die Eiskristalle möglichst klein bleiben.

4. Nehmen Sie das Eis 15 Minuten vor dem Servieren aus dem Gefrierfach. Schälen und entkernen Sie die Papaya und schneiden sie anschließend in Stücke.

5. Mit dem Portionierer nun Kugeln formen und in Schälchen geben. Die Papaya Stücke darauf verteilen und mit dem restlichen Sesam bestreuen. Guten Appetit!

45. Beeren-Crumble

Kalorien: 300 kcal | Fett: 13 g | Kohlenhydrate: 39 g | Eiweiß: 4 g

Zubereitungszeit: 20 min
Portionen: 2
Schwierigkeit: leicht

Zutaten:
- 10 g zarte Haferflocken
- 100 g Rhabarber
- 50 g Dinkelmehl
- 100 g Johannisbeeren
- 30 g Zucker
- 30 g vegane Margarine
- Etwas Puderzucker als Garnitur

Zubereitung:
1. In einem ersten Schritt den Rhabarber waschen und quer in Stücke schneiden. Die Johannisbeeren ebenfalls waschen, von den Stielen löschen und mit dem Rhabarber in eine Schüssel geben.

2. Als nächsten Schritt die Margarine in einem Topf erhitzen und zum Schmelzen bringen. Geben Sie nach und nach die Haferflocken, den Zucker und das Mehl hinzu und verarbeiten alles mit Hilfe einer Gabel zu Streuseln.

3. Die Streusel nun auf den Früchten verteilen und auf ein mit Backpapier ausgelegtes Backblech legen. Backen Sie die Crumble nun für 20 Minuten bei 180 Grad.

4. Anschließend herausnehmen und mit Puderzucker bestreuen. Servieren Sie alles warm oder wenn Sie es lieber mögen kalt.

Tipp: Falls Sie keine Johannisbeeren mögen, eignen sich auch andere Früchte wie Himbeeren oder Heidelbeeren.

46. Fruchtiger Cheesecake to go

Kalorien: 435 kcal | Fett: 33 g | Kohlenhydrate: 27 g | Eiweiß: 5 g

Zubereitungszeit: **20 min**
Portionen: **2**
Schwierigkeit: **leicht**

Zutaten:

Für den Boden:
- 2 EL Kokosraspeln
- 30 g entsteinte Datteln
- 1 ½ geschälte Hanfsamen

Für die Creme:
- 50 g Bio-Heidelbeeren
- 1 EL Saft einer Bio-Zitrone
- 25 g Cashewkerne
- 50 g Bio-Kokosmus
- 1 EL Bio-Agavendicksaft
- 100 g Bio-Erdbeeren

Zubereitung:

1. In einem ersten Schritt die Cashewkerne für 12 Stunden in Wasser einweichen lassen. Hier empfiehlt es sich, dies über Nacht zu tun.
2. Hacken Sie für den Boden die Datteln grob. Mengen Sie noch die Kokosraspeln und die Hanfsamen hinzu und hacken nochmals alles gut durch. Geben Sie nun die Hälfte jeweils in ein Schraubglas und drücken den Boden etwas fest an.
3. Für die Creme nun die eingeweichten Cashewkerne abtropfen lassen. Waschen Sie die Erdbeeren gründlich ab und halbieren diese. Die Heidelbeeren ebenfalls gründlich abwaschen. Geben Sie in eine Rührschüssel den Agavendicksaft, das Kokosmus, die Erdbeeren und den Zitronensaft geben und pürieren. Füllen Sie Creme nun in die Gläser auf den Boden.
4. Als nächstes die Heidelbeeren darüber verteilen und für 2 Stunden kühl stellen. Anschließend herausnehmen und genießen.

Tipp: Dieser leckere Cheescake eignet sich nicht nur hervorragend zum Mitnehmen, sondern hält sich im Kühlschrank auch bis zu 3 Tagen. Wenn Sie den Kuchen einfrieren sogar 2 Monate.

47. Buntes Superfood-Dessert

Kalorien: 185 kcal | Fett: 7 g | Kohlenhydrate: 21 g | Eiweiß: 4 g

Zubereitungszeit: 10 min
Portionen: 2
Schwierigkeit: Leicht

Zutaten:
- 1 TL Limettensaft
- 3 EL Chia-Samen
- 100 g Bio-Heidelbeeren
- 200 ml ungesüßter Bio-Mandeldrink
- 1 TL Bio-Ahornsirup
- 4 Minzblätter
- 180 g Apfelmark

Zubereitung:
1. Beginnen Sie zuerst damit in einer Schüssel den Ahornsirup mit dem Mandeldrink, den Chiasamen und dem Limettensaft zu vermengen. Alles für 6 Stunden zugedeckt quellen lassen und dabei in den Kühlschrank stellen.
2. Waschen Sie nun die frischen Heidelbeeren und die Minzblätter. Die Minze etwas klein schneiden.
3. Befüllen Sie zwei Gläser mit der eingeweichten Chia-Limetten-Mischung. Geben Sie das Apfelmark darüber.
4. Zum Schluss noch alles mit den Heidelbeeren und der frischen Minze garnieren und genießen!

Tipp: Anstelle von Heidelbeeren können Sie auch Himbeeren, Erdbeeren oder auch Mangos verwenden. Gönnen Sie sich hier das, was Ihnen gut schmeckt!

48. Süße Beeren-Schnitten

Kalorien: 715 kcal | Fett: 43 g | Kohlenhydrate: 75 g | Eiweiß: 9 g

Zubereitungszeit: 35 min
Portionen: 4
Schwierigkeit: leicht

Zutaten:
- 1 EL Puderzucker
- 150 g vegane Margarine (ohne Soja)
- 225 g Bio-Himbeeren (TK)
- 225 g Dinkelmehl
- 75 g gemahlene Haselnusskerne
- 100 g Zucker
- 1 Prise Salz
- 1 Pck. Vanillezucker

Zubereitung:
1. In einem ersten Schritt die Margarine in einem Topf zerlassen. Geben Sie 1 Prise Salz, Vanillezucker, Mehl und Zucker in eine Schüssel und mixen alles gründlich durch. Die zerlasse Margarine hinzugeben und mit den Knethaken zu Streuseln verkneten.
2. Legen Sie ein Blech mit Backpapier aus. Entnehmen Sie von dem Streuselteig nun etwa ein Drittel und stellen ihn zur Seite. Den restlichen Teig nun auf dem Backblech in 4 gleichgroße Portionen verteilen. Formen Sie hieraus nun etwa 10 x 10 große Kuchenteilchen mit einem Rand.
3. Verteilen Sie nun 3 EL der Haselnusskerne auf dem Teig und geben die gefrorenen Früchte darüber. Die restlichen Nüsse können Sie nun mit dem übrigen Streuselteig vermengen und über die Schnitten bröseln.
4. Backen Sie die Beeren-Schnitten nun für 30 Minuten bei 175 Grad. Anschließend herausnehmen und kurz auskühlen lassen.
5. Bestäuben Sie die fertigen Schnitten nun mit dem Puderzucker. Guten Appetit!

Tipp: Hier können Sie anstelle der Himbeeren auch Obst der Saison wie zum Beispiel Pflaumen verwenden.

49. Soft-Cookies mit Cranberrys

Kalorien: 105 kcal | Fett: 5 g | Kohlenhydrate: 12 g | Eiweiß: 1 g

Zubereitungszeit: 20 min
Portionen: 36 Stück
Schwierigkeit: leicht

Zutaten:
- 120 g Zucker
- 1 EL geröstete Kokos-Chips
- 100 g Puderzucker
- ½ TL gemahlene Bourbon-Vanille
- 1 Prise Meersalz
- 240 g Weizenmehl (Typ 405)
- 1 Bio-Limette
- 225 g vegane Margarine
- 1 gestrichener TL Backpulver
- 60 g getrocknete Cranberrys

Zubereitung:

1. In einem ersten Schritt die Cranberrys etwas klein hacken. Vermengen Sie nun den Puderzucker mit 1 Prise Salz und dem restlichen Zucker. Geben Sie die Margarine hinzu und rühren alles mit schaumig.

2. Waschen Sie die Limette heiß ab und reiben Sie die Schale. Den Saft können Sie anderweitig verwenden. Vermischen Sie nun Mehl mit der Limettenschale, dem Backpulver und der Vanille und geben alles nach und nach zu der Margarine-Mischung hinzu. Nochmals gut durchmixen und die gehackten Cranberrys untermengen. Nun noch die Kokos-Chips hinzugeben und verrühren.

3. Legen Sie drei Bleche mit Backpapier aus und verteilen jeweils 1 TL Keks-Teig darauf. Backen Sie nun die Kekse bei 180 Grad für 12-14 Minuten goldbraun.

4. Nehmen Sie nach der Backzeit die Cookies aus dem Ofen und lassen sie etwas auskühlen.

50. Einfacher Nuss-Crunch für zwischendurch

Kalorien: 70 kcal | Fett: 5 g | Kohlenhydrate: 5 g | Eiweiß: 1 g

Zubereitungszeit: 15 min
Portionen: 15 Stück
Schwierigkeit: leicht

Zutaten:
- 70 g Rohrohrzucker
- 100 g Macadamia Nusskerne

Zubereitung:
1. Legen Sie zuerst ein Backblech mit Backpapier aus.
2. Zerhacken Sie in einem zweiten Schritt die Macadamia Nusskerne mit einem Messer.
3. Geben Sie nun in eine Pfanne den Zucker und karamellisieren die Nusskerne für 5-8 Minuten darin. Rühren Sie während der ganzen Zeit immer wieder um.
4. Legen Sie nun den Nuss-Crunch auf das Backblech, verstreichen ihn mit einem Messer und lassen alles für 20 Minuten auskühlen.
5. Anschließend das Krokant in 15 Stücke brechen und servieren.

Tipp: Falls Sie keine Macadamianüsse im Haus haben, können Sie auch Mandeln verwenden. Geben Sie noch 1 Prise Zimt hinzu und Sie erhalten ein himmlisches Aroma.

Für die Arbeit/Studium (to go)

„Vegane Ernährung ist so kompliziert! Vor allem dann, wenn man unterwegs ist, kann man doch nichts essen!"
Diesen oder ähnliche Sätze kennt vermutlich jeder Veganer! Im folgenden Kapitel wollen wir Ihnen zeigen, dass genau das nicht zutrifft! Vegan – to go ist geschmackvoll, unkompliziert und einfach gesund.

Natürlich ist es viel einfacher vegan zu essen, wenn man selbst einkaufen und kochen kann. Doch auch in der Schule, in der Universität, in der Arbeit und sogar im Urlaub muss man als Veganer auf nichts verzichten.

Mit den folgenden Rezepten können Sie jede Situation meistern. Was Sie auf jeden Fall brauchen, ist Ihre persönliche Lunch-Box. Sie können Ihr Vegan-to-go-Gericht einfach am Vorabend zubereiten und am Folgetag kalt genießen oder wieder aufwärmen.

Probieren Sie gerne Neues aus und genießen Sie auch außer Haus köstliche vegane Gerichte. Lassen Sie sich in diesem Kapitel inspirieren.

51. Summer-Feeling Salat

Kalorien: 755 kcal | Fett: 47 g | Kohlenhydrate: 76 g | Eiweiß: 8 g

Zubereitungszeit: 30 min
Portionen: 2
Schwierigkeit: leicht

Zutaten:

Für die Vinaigrette:
- 2 EL Bio-Ahornsirup
- 1 Bio-Limette

Für den Salat:
- 200 g Bio-Heidelbeeren
- 200 g Bio-Himbeeren
- 2 Bio-Avocados
- 400 g kernarme Wassermelone
- ¼ Bio-Ananas
- 150 g kernlose rote Weintrauben

Zubereitung:

1. In einem ersten Schritt die Avocado halbieren, entkernen und das Fruchtfleisch herauslösen. Anschließend in Würfel schneiden und auf zwei Schraubgläser verteilen.

2. Schälen Sie nun die Ananas, entfernen den Strunk und schneiden das Fruchtfleisch in Würfel. Die Weintrauben waschen. Schälen Sie die Melone und entferne noch übrig gebliebene Kerne. Das Fruchtfleisch als nächstes noch in Würfel schneiden.

3. Widmen Sie sich nun den Beeren. Waschen Sie diese und lassen sie kurz abtropfen.

4. Für die Vinaigrette die Limette heiß abwaschen, die Schale reiben und den Saft herauspressen. In einer Schüssel nun den Limettensaft mit der Schale und dem Ahornsirup vermengen.

5. Geben Sie nach und nach die Früchte in die Schraubgläser und träufeln das Dressing darüber und stellen Sie den Salat bis zum Verzehr kühl.

Tipp: Dieser fruchtige Salat zaubert sofort Sommer-Feeling auf den Teller. Sie können die Früchte hier variieren und statt Himbeeren auch Erdbeeren verwenden.

52. Fruchtiger Reissalat mit orientalischer Note

Kalorien: 850 kcal | Fett: 22 g | Kohlenhydrate: 142 g | Eiweiß: 20 g

Zubereitungszeit: 35 min
Portionen: 2
Schwierigkeit: leicht

Zutaten:
- 25 g gehackte Pistazienkerne
- 1 TL gemahlene Kurkuma
- 50 g getrocknete Cranberrys
- 200 g Basmatireis
- 200 g Sellerieknolle
- 1 Bio-Orange
- 50 g Mandelblättchen
- 1 Bio-Zitrone
- 80 g Soft-Aprikosen
- 1 TL Salz
- 2 Prisen Pfeffer
- 2 EL Bio-Ahornsirup

Zubereitung:
1. Bringen Sie in einem Topf 500 ml Wasser zum Kochen. Rühren Sie den Reis und das Kurkumapulver ein und lassen alles für 15 Minuten bei niedriger Temperatur köcheln. Nach der Kochzeit nochmals 10 Minuten quellen lassen und dafür vom Herd nehmen.
2. Waschen Sie die Orange heiß ab und reiben die Schale. Anschließend schälen, aufschneiden und die innenliegende Haut entfernen. Schneiden Sie nun das Fruchtfleisch heraus und fangen hierbei den Saft der Orange auf. Den Saft der Zitrone anschließend auspressen.
3. Vermengen Sie nun den Ahornsirup mit dem Orangensaft, dem Zitronensaft, 2 Prisen Pfeffer und 1 TL Salz. Die Soft-Aprikosen noch in Stücke schneiden.
4. Rösten Sie in einem vierten Schritt die Mandeln in einer Pfanne, ganz ohne Fett an. Den Sellerie noch schälen und raspeln. Vermengen Sie nun alles mit dem Dressing, den Orangenstücken, den Pistazien und den Cranberrys. Guten Appetit!

53. Fruchtiger Avocado-Salat – „Immun-Booster"

Kalorien: 800 kcal | Fett: 71 g | Kohlenhydrate: 26 g | Eiweiß: 10 g

Zubereitungszeit: 30 min
Portionen: 2
Schwierigkeit: leicht

Zutaten:
- 2 EL Sonnenblumenkerne
- 2 Bio-Orangen
- ½ TL Salz
- 2 Prisen Pfeffer
- 80 g Rucola
- 2 Bio-Karotten
- 4 EL Olivenöl
- 2 Bio-Avocados
- 2 TL körniger Dijonsenf
- 1 EL Bio-Ahornsirup
- 3 EL Apfelessig

Zubereitung:
1. Zuerst die Orangen heiß abwaschen und von der Schale befreien. Nehmen Sie jetzt 1 Orange und reiben die Schale ab. Anschließend beide Zitrusfrüchte schälen und die Innenhaut entfernen. Anschließend noch die Trennhaut entfernen und den Saft dabei auffangen.
2. Schälen Sie die Möhren und schneiden Sie in dünne Streifen. Die Avocado als nächstes ebenfalls halbieren und das Fruchtfleisch herauslösen.
3. Vermengen Sie für das Dressing den Senf, den Ahornsirup, den Essig, den Orangensaft, 2 Prisen Pfeffer, das Öl und ½ TL Salz miteinander.
4. Befüllen Sie nun 2 Lunchboxen zuerst mit dem Dressing. Geben Sie nach und nach die Möhren, die Orangenstücke, die Avocado und den Rucola hinzu. Garnieren Sie alles mit den Sonnenblumenkernen und genießen Sie Ihren Salat.

54. Italienische Paprika-Auberginen-Rolle

Kalorien: 230 kcal | Fett: 13 g | Kohlenhydrate: 16 g | Eiweiß: 7 g

Zubereitungszeit: 15 min
Portionen: 2
Schwierigkeit: leicht

Zutaten:

- 1 TL Bio-Ahornsirup
- ½ TL Rosmarin, gemahlen
- 2 EL Balsamico-Essig
- ½ TL Paprikapulver
- 8 Blättchen Basilikum
- 8 getrocknete Tomaten (in Öl)
- 8 gegrillte, eingelegtes Paprikastücke
- 1 Knoblauchzehe
- Etwas Salz
- 1 Bio-Aubergine
- 2 EL Olivenöl
- 8 Holzspieße

Zubereitung:

1. Für dieses italienische Gericht zuerst den Balsamico-Essig zusammen mit dem Paprikapulver, dem Ahornsirup und dem Rosmarin vermengen. Die Knoblauchzehe schälen und zu dem Dressing pressen. Alles gründlich miteinander verrühren.

2. Die Aubergine als nächstes waschen und in 10 Scheiben schneiden. Die Ecken können Sie anderweitig verwenden.

3. Geben Sie nun 1 EL Öl in eine Pfanne und braten darin die Auberginenscheiben nacheinander für 4 Minuten goldbraun an. Anschließend kurz in der Marinade wälzen und auskühlen lassen.

4. Lassen Sie in der Zwischenzeit die getrockneten Tomaten und die Paprikastücke abtropfen.

5. Für die Röllchen nun an jedes Ende der Auberginenscheibe je 1 getrocknete Tomate, 1 Paprika und 1 Basilikumblatt legen. Rollen Sie nun alles ein und befestigen die Röllchen mit den Holzspießen.

55. Spanische Tofu-Spieße

Kalorien: 280 kcal | Fett: 25 g | Kohlenhydrate: 3 g | Eiweiß: 9 g

Zubereitungszeit: 15 min
Portionen: 4
Schwierigkeit: leicht

Zutaten:
- 8 Holzspieße
- 2 Knoblauchzehen
- 2 EL zimmerwarmer Sojagurt
- 2 TL Saft von einer Bio-Zitrone
- 2 EL Saft von einer Bio-Zitrone
- Etwas Salz
- 100 g schwarze Oliven ohne Stein
- 50 ml Walnussöl
- 1 TL Bio-Agavendicksaft
- 300 g Tofu
- 1 TL gemahlener Rosmarin
- 2 EL Olivenöl

Zubereitung:
1. Vermengen Sie zuerst den Sojagurt mit 2 TL Zitronensaft. Den Knoblauch schälen und dazu pressen. Geben Sie nach und nach das Walnussöl hinzu und verrühren alles mit dem Schneebesen. Rühren Sie solange, bis eine schöne Creme entstanden ist.
2. Schneiden Sie in einem zweiten Schritt den Tofu in Würfel. Erhitzen Sie in einer Pfanne das Öl und braten den Tofu darin für 5 Minuten an. Geben Sie noch den Rosmarin, 2 EL Zitronensaft, 1 Prise Salz und den Agavendicksaft hinzu und braten alles nochmals gut an.
3. Stecken Sie nun abwechselnd den Tofu mit den Oliven auf Spieße. Servieren Sie die spanische Creme dazu und genießen Sie Ihr Gericht.

56. Veganer Gemüse-Burger

Kalorien: 670 kcal | Fett: 20 g | Kohlenhydrate: 104 g | Eiweiß: 17 g

Zubereitungszeit: 45 min
Portionen: 2
Schwierigkeit: leicht

Zutaten:
- 100 g Buchweizenschrot
- 100 g Rote Bete (geschält, geraspelt)
- 1 EL vegane Mayonnaise (selbstgemacht oder gekauft)
- 1 EL veganer Joghurt
- 2 EL Dinkelmehl
- 4 EL Ketchup
- Etwas Pfeffer und Salz
- 1 Bio-Karotte (geschält, geraspelt)
- 2 TL Currypulver
- 1 EL Olivenöl
- 2 XXL-Burger-Buns (Brötchen)
- 2 TL Apfelessig
- 2 Essiggurken aus dem Glas (in Scheiben geschnitten)
- 6 TL körniger Senf
- 1 Handvoll Blattspinat
- 1 Strauchtomate (in Scheiben geschnitten)

Zubereitung:
1. Vermengen Sie für Ihre vegane Burger Sauce nun den Essig mit der Mayonnaise und dem Joghurt. Mit etwas Salz und Pfeffer würzen und die Rote Bete damit marinieren. Kochen Sie den Buchweizen nun in 250 ml leicht gesalzenem Wasser auf. Für 5 Minuten köcheln lassen. Geben Sie die Karotten-Raspel hinzu. Für 10 Minuten zugedeckt ziehen lassen. Vermengen Sie die Karotten-Buchweizen-Mischung nun mit dem Currypulver, 2 TL Senf und dem Mehl. Salzen und Pfeffern und etwas abkühlen lassen.
2. Blattspinat waschen und trocknen. Die Burger-Buns bei 120 Grad für 8 Minuten im Backofen backen. Formen Sie aus der Buchweizen-Masse nun 2 Burger Pattys. Öl erhitzen und die Pattys darin für 8 Minuten braten. Die Buns mit dem Ketchup und dem restlichen Senf bestreichen. Alle Zutaten darauf verteilen und mit dem Brötchen abschließen.

57. Sizilianischer Brotsalat

Kalorien: 370 kcal | Fett: 26 g | Kohlenhydrate: 22 g | Eiweiß: 8 g

Zubereitungszeit: 20 min
Portionen: 4
Schwierigkeit: leicht

Zutaten:
- ½ Ciabatta Brot (Vortag)
- 2 EL Balsamico Essig
- 100 g Bio-Walnusskerne, gehackt
- 4 EL Olivenöl
- 500 g Kirschtomaten
- Pfeffer, Kräutersalz
- 1 Bio-Salatgurke
- 1 Bund Petersilie
- 1 rote Zwiebel

Zubereitung:
1. Widmen Sie sich in einem ersten Schritt dem Brot und schneiden es in Würfel. Die Brotwürfel nun auf ein Backblech legen und bei 160 Grad 15 Minuten backen.

2. Die Walnusskerne nach der Backzeit im Ofen etwas anrösten, alternativ in der Pfanne ohne Fettzugabe.

3. Waschen Sie die Tomaten, entfernen den Strunk und schneiden sie klein. Die Gurke ebenfalls waschen und klein schneiden. Schälen Sie die Zwiebel und schneiden sie anschließend in Ringe.

4. In einem vierten Schritt die Petersilie waschen und klein hacken. Anschließend mit dem Öl in einen Rührbecher geben und pürieren. Seihen Sie nun das Öl ab und vermengen die pürierte Petersilie mit dem Essig, etwas Salz und Pfeffer.

5. Geben Sie nun alle Zutaten in eine Salatschüssel und vermengen alles gründlich miteinander. Das Petersilien-Dressing darüber geben und für 2 Stunden durchziehen lassen. Sie können den Salat wunderbar für die Mittagspause mitnehmen.

58. Nudelsalat „American-Style"

Kalorien: 805 kcal | Fett: 30 g | Kohlenhydrate: 115 g | Eiweiß: 18 g

Zubereitungszeit: 35 min
Portionen: 2
Schwierigkeit: leicht

Zutaten:
- 100 ml Bio-Haferdrink
- 250 g Makkaroni
- 2 EL Zucker
- Pfeffer, Meersalz
- 2 süßsaure Bio-Gewürzgurken (Glas)
- 2 EL Apfelessig
- 100 g geröstet Paprika (Glas)
- 3 EL vegane Mayonnaise (selbstgemacht, gekauft)
- 4 Frühlingszwiebeln

Zubereitung:
1. Kochen Sie zuerst die Nudeln nach Anleitung. Anschließend abspülen und abtropfen lassen.
2. Gießen Sie die Gewürzgurken ab und fangen dabei 2 EL Gurkensaft auf. Die Paprika ebenfalls aus dem Glas nehmen und abtropfen lassen. Schneiden Sie anschließend die Gurken und die Paprika in Würfel.
3. Die Frühlingszwiebel als nächstes waschen und in Ringe schneiden. Vermengen Sie für das Dressing nun die Mayonnaise mit dem Gurkensaft, dem Zucker, ½ TL Salz, dem Haferdrink und 2 Prisen Pfeffer.
4. Füllen Sie das Dressing nun in 2 Schraubgläser oder Ihre Lunchbox. Nach und nach die Paprika, die Nudeln, die Gurken und die Frühlingszwiebeln darüber geben. Stellen Sie den Salat in den Kühlschrank. Ungefähr 1 Stunde vor dem Verzehr können Sie diesen herausnehmen und auf Zimmertemperatur herunterkühlen lassen.

59. Gemüse-Linsensalat

Kalorien: 650 kcal | Fett: 23 g | Kohlenhydrate: 75 g | Eiweiß: 30 g

Zubereitungszeit: 35 min
Portionen: 2
Schwierigkeit: leicht

Zutaten:
- 2 Petersilien-Stängel
- 200 g gelbe Linsen
- 1 rote Zwiebel
- 2 EL Bio-Ahornsirup
- 2 Bio-Karotten
- 5 EL Weißweinessig
- 6 Radieschen
- Meersalz
- 1 Stange Staudensellerie
- 1 TL mittelscharfer Senf
- 4 EL Olivenöl

Zubereitung:
1. Kochen Sie die Linsen in 700 ml Wasser. Anschließend für 15 Minuten bei schwacher Hitze köcheln lassen. Abgießen, abspülen und etwas abtropfen lassen. Schälen Sie die Karotten und schneiden sie in Würfel. Den Sellerie waschen und würfeln. Die Radieschen ebenfalls waschen und klein schneiden. Zwiebel schälen und würfeln.

2. Die frische Petersilie als nächstes waschen und fein hacken. Geben Sie die Zwiebel, die Radieschen und die Petersilie in eine Schüssel.

3. Für das Dressing den Essig mit dem Olivenöl, dem Ahornsirup, 1 TL Meersalz und dem Senf verrühren. Nach und nach jetzt die Linsen, die Karotten, den Sellerie und das Dressing zu den Radieschen geben und alles gründlich verrühren.

4. Verteilen Sie den fertigen Salat nun in Ihre Lunch-Box oder in 2 Schraubgläser. Kaltstellen und genießen!

60. Couscous-Zucchini-Salat

Kalorien: 470 kcal | Fett: 16 g | Kohlenhydrate: 67 g | Eiweiß: 12 g

Zubereitungszeit: 25 min
Portionen: 2
Schwierigkeit: leicht

Zutaten:
- 2 EL Chiliflocken
- 2 Bio-Zucchini
- 2 EL Saft einer Bio-Zitrone
- 1 Stange Lauch
- 150 g Instant-Couscous
- 1 Knoblauchzehe
- 3 EL Olivenöl
- 1 Stängel Minze
- Meersalz, Pfeffer
- 2 Stängel Petersilie
- 200 ml Gemüsebrühe
- 2 Stängel Dill

Zubereitung:

1. Widmen Sie sich zuerst den Zucchini, waschen diese und schneiden sie in Stücke. Den Lauch ebenfalls putzen und klein schneiden. Schälen und hacken Sie ebenfalls den Knoblauch.

2. Erhitzen Sie in einer Pfanne 2 EL Olivenöl und dünsten darin die Zucchini, den Lauch und den Knoblauch an. Mit Pfeffer und Salz würzen. Mit der Gemüsebrühe ablöschen und bei mittlerer Hitze für 15 Minuten köcheln lassen. Am Ende sollte fast alle Flüssigkeit vollständig verdampft sein.

3. Waschen Sie in der Zwischenzeit den Dill, die Petersilie und die Minze und hacken alles klein.

4. Garen Sie den Couscous in 150 ml Wasser nach Anleitung. Anschließend von der Kochstelle nehmen und das restliche Öl hineingeben. Alles für einen kurzen Augenblick quellen lassen.

5. Heben Sie nun die gehackten Kräuter und das Gemüse unter den Couscous. Salz, Pfeffer, Chiliflocken und Zitronensaft hinzugeben und servieren, beziehungsweise in eine Lunch-Box füllen.

61. Orientalische Pita

Kalorien: 480 kcal | Fett: 20 g | Kohlenhydrate: 54 g | Eiweiß: 17 g

Zubereitungszeit: 15 min
Portionen: 2
Schwierigkeit: leicht

Zutaten:
- 2 EL veganer Joghurt
- 1 Dose Kichererbsen
- Pfeffer, Salz
- 1 Msp. Chilipulver
- 1 Bio-Knoblauchzehe
- 1/3 TL Koriander, gemahlen
- 1 ½ EL Olivenöl
- 1 ½ TL Sesampaste (Tahin)
- 1 ½ TL Kreuzkümmel, gemahlen
- 2 Pita Taschen (Fertigprodukt)
- 3 EL Bio-Zitronensaft
- 1 Mini-Gurke
- 4 Blätter Römersalat
- 2 Strauchtomaten

Zubereitung:
1. Widmen Sie sich zuerst den Kichererbsen. Zuerst abgießen, abbrausen und kurz abtropfen lassen. Den Knoblauch schälen und pressen. Vermengen Sie die Hälfte von dem Knoblauch mit dem Öl, dem Koriander, 1 TL Kreuzkümmel, Salz, Pfeffer, den Kichererbsen und dem Chilipulver.
2. Verteilen Sie diese Mischung nun auf einem mit Backpapier ausgelegten Backblech. Für 20-30 Minuten bei 200 Grad backen.
3. Verrühren Sie in der Zwischenzeit den restlichen Knoblauch mit dem Zitronensaft, 6 EL Wasser, Tahin, dem restlichen Kümmel, etwas Salz und Pfeffer und dem Joghurt. Waschen Sie die Gurke und schneiden sie in Scheiben. Wiederholen Sie dies bei den Tomaten ebenfalls. Die Salatblätter in einem nächsten Schritt waschen und in Streifen schneiden.
4. Klappen Sie die Pita Taschen auf. Vermengen Sie die Joghurtsauce mit der Gurke, dem Salat und den Tomaten und befüllen die Pita Taschen damit. Die Kichererbsen darüber geben und genießen.

62. Asia Fingerfood to go

Kalorien: 385 kcal | Fett: 16 g | Kohlenhydrate: 52 g | Eiweiß: 5 g

Zubereitungszeit: 45 min
Portionen: 4
Schwierigkeit: leicht

Zutaten:
- 200 g Tempura-Teigmischung (asiatisches Geschäft)
- 2 EL heller Sesam
- 300 g grüner Spargel
- Meersalz
- 2 rote Zwiebeln
- 500 ml Frittieröl
- 100 ml Sweet-Chili-Sauce (Fertigprodukt)
- 1 Stange Lauch
- 300 g Bio-Hokkaido-Kürbis

Zubereitung:
1. Zuerst den Spargel waschen, schälen und anschließend halbieren. Die Zwiebeln ebenfalls schälen und in Scheiben schneiden. Den Hokkaido-Kürbis waschen, in Spalten schneiden und entkernen. Den Lauch waschen und in 10 cm lange Stücke schneiden.
2. Legen Sie nun nach und nach das Gemüse für je 15 Sekunden in kochendes Salzwasser. Anschließend herausnehmen und kurz abtropfen lassen.
3. Erhitzen Sie in einem Wok das Öl. Geben Sie die 150 g der Tempura-Teigmischung in eine Schüssel. Mengen Sie nach und nach 200 ml kaltes Wasser unter, bis ein glatter Teig entsteht. Die restliche Teigmischung in eine Schale füllen. Den Sesam ebenfalls in eine weitere Schale geben.
4. Panieren Sie nun das Gemüse indem Sie es zuerst durch den trockenen Teig ziehen, dann durch den angerührten Teig und schließlich mit Sesam bestreuen. Frittieren Sie das Gemüse jetzt für 3 Minuten im heißen Öl.
5. Anschließend herausnehmen und auf Küchenpapier abtropfen lassen. Servieren Sie das Gemüse mit der Chili-Sauce.

63. Kartoffelsalat nach „Veggie Art"

Kalorien: 385 kcal | Fett: 22 g | Kohlenhydrate: 38 g | Eiweiß: 7 g

Zubereitungszeit: 60 min
Portionen: 4
Schwierigkeit: leicht

Zutaten:
- 1 EL braune Senfkörner
- 1 kg festkochende Bio-Kartoffeln
- 2 EL Buchweizen
- Salz, Pfeffer
- 2 Frühlingszwiebeln
- 1 Fenchelknolle
- 8 EL Olivenöl
- 1 rote Zwiebel
- 1 TL Bio-Agavendicksaft
- 50 ml Gemüsebrühe
- 4 EL Weißweinessig

Zubereitung:
1. Kochen Sie zuerst die Kartoffeln für 25 Minuten. Anschließend abgießen, pellen und auskühlen lassen.
2. In der Zwischenzeit den Fenchel waschen und klein hobeln. Die Zwiebel schälen und in Streifen schneiden. Vermengen Sie Fenchel und Zwiebel miteinander. Für das Dressing die Gemüsebrühe mit dem Agavendicksaft und dem Essig miteinander vermengen. Nach und nach noch 5 EL Öl untermischen und alles gründlich verrühren. Salzen und Pfeffern und kurz zur Seite stellen.
3. Schneiden Sie die Kartoffeln als nächstes in Scheiben. Waschen Sie die Frühlingszwiebel, entfernen den Wurzelansatz und schneiden sie in Ringe. Nehmen Sie sich nun zwei Pfannen und geben jeweils 1 EL Öl hinein. Erhitzen Sie beide Pfannen und braten darin die Kartoffeln für 10 Minuten an. Mit Salz und Pfeffer würzen und in eine Schüssel geben. Erhitzen Sie das übrige Öl ebenfalls in einer Pfanne und dünsten die Fenchelmischung 1 Minute darin an. Herausnehmen und unter die Kartoffeln mischen. Das Dressing und die Frühlingszwiebeln darüber verteilen. Buchweizen und Senfkörnern in einer Pfanne ohne Fett anrösten und als Topping über den Salat geben.

64. Herbstlicher Kürbissalat

Kalorien: 445 kcal | Fett: 28 g | Kohlenhydrate: 40 g | Eiweiß: 10 g

Zubereitungszeit: 50 min
Portionen: 4
Schwierigkeit: leicht

Zutaten:
- 50 g Pekannuss Kerne
- 400 g Grünkohlblätter
- 3 EL Sesampaste (Tahin)
- 1 Bio-Zitrone
- 1 Bio-Orange
- Meersalz, Pfeffer
- 700 g Hokkaido-Kürbis
- 1 Granatapfel
- 1 Bio-Knoblauchzehe
- ¼ TL Chiliflocken
- 3 EL Olivenöl

Zubereitung:

1. Den Grünkohl waschen und die von dem Stiel entfernen und klein schneiden. Die Zitrone auspressen und die Grünkohlblätter mit etwas Salz und 2 EL Zitronensaft vermengen und 30 Minuten ziehen lassen.

2. Waschen Sie den Kürbis und schneiden ihn in dünne spalten. Den Knoblauch schälen, pressen und mit der Hälfte der Chiliflocken, dem Öl und dem Kürbis vermengen. Die Mischung auf ein mit Backpapier ausgelegtes Backblech legen. Würzen Sie alles mit Pfeffer und Salz und backen den Kürbis für 25-30 Minuten bei 180 Grad.

3. In der Zwischenzeit den Granatapfel halbieren und die Kerne herausholen. Die Orange auspressen und den Saft mit dem restlichen Zitronensaft, der Tahin und 6 EL Wasser vermischen. Alles mit Pfeffer, Salz und den restlichen Chiliflocken würzen und mit dem Grünkohl vermengen.

4. Die Pekannuss Kerne etwas klein hacken. Den Salat auf einem Teller anrichten oder in eine Lunch-Box geben. Den Kürbis darüberlegen und alles mit den Granatapfelkernen und den Nusskernen garnieren.

65. Kräuter-Wedges aus Süßkartoffeln

Kalorien: 475 kcal | Fett: 22 g | Kohlenhydrate: 58 g | Eiweiß: 10 g

Zubereitungszeit: 30 min
Portionen: 4
Schwierigkeit: leicht

Zutaten:

Für den Dip:
- 1 Bio-Avocado
- 150 g Bio-Erbsen (TK, bereits aufgetaut)
- 1 Stück Ingwer (3 cm groß, gehackt)
- 2 EL Limettensaft
- 1 Knoblauchzehe
- 10 Minzblätter

Für die Wedges:
- 3 EL vegane Sojasauce
- 1 kg Süßkartoffeln
- 3 EL Olivenöl
- 1 EL Thymianblätter
- 2 TL Kreuzkümmelsamen
- 2 TL Paprikapulver, edelsüß
- Meersalz

Zubereitung:

1. Schälen Sie die Kartoffeln und schneiden sie in Spalten. Diese anschließend auf ein mit Backpapier ausgelegtes Backblech legen und mit dem Olivenöl beträufeln. Würzen Sie alles mit dem Kreuzkümmel, Meersalz, dem Paprikapulver, der Sojasauce und dem Thymian. Im Ofen die Süßkartoffeln 20 Minuten lang bei 220 Grad backen.

2. Geben Sie für den Dip die Erbsen nun in einen Multi-Zerkleinerer. Die Avocado halbieren, entsteinen und das Fruchtfleisch herauslösen. Den Knoblauch schälen und klein hacken. Geben Sie die Avocado, den Knoblauch und den Ingwer zu den Erbsen.

3. Waschen Sie die frischen Minzblätter und hacken diese etwas klein. Den Limettensaft mit 2 EL Wasser und der Minze zu den Erbsen geben, pürieren und salzen und pfeffern. Zusammen mit den Kartoffeln servieren.

Blitzrezepte

Vielseitig, gesund, bunt und einfach richtig lecker: Die vegane Küche kann definitiv überzeugen!
Und auch für alle, die es im Alltag etwas eilig haben, ist genau das richtige dabei. Sehr viele Rezepte sind bereits in weniger als einer halben Stunde auf dem Tisch und schmecken Groß und Klein.
Alle Rezepte, die Sie in diesem Kapitel finden gehen also richtig schnell und gelingen mit Sicherheit auch Kochanfängern. Vor allem auch am Abend nach einem anstrengenden Tag kann so das Essen ruck zuck zubereitet werden. So ernähren Sie sich gesund und ausgewogen – und garantiert völlig frei von Tierprodukten!

Viel Freude beim Nachkochen und Verwöhnen mit unseren veganen Blitzrezepten!

66. Veganer Schoko-Joghurt „Greek Style"

Kalorien: 380 kcal | Fett: 29 g | Kohlenhydrate: 19 g | Eiweiß: 11 g

Zubereitungszeit: 10 min
Portionen: 2
Schwierigkeit: leicht

Zutaten:
- 300 g Sojagurt
- 125 g Bio-Himbeeren
- 125 g Bio-Heidelbeeren
- 60 g Bio-Walnusskerne
- 30 g geraspelte vegane Schokolade

Zubereitung:
1. Verteilen Sie erst einmal den Sojagurt auf zwei Schälchen.
2. Waschen Sie nun die Früchte und verteilen Sie diese über den Joghurt.
3. Hacken Sie nun die Walnusskerne und streuen Sie diese ebenfalls über den Sojagurt.
4. Zum Schluss noch die vegane Schokolade darüber raspeln und genießen.

67. Vegane Nuss Power

Kalorien: 400 kcal | Fett: 24 g | Kohlenhydrate: 35 g | Eiweiß: 67 g

Zubereitungszeit: 10 min
Portionen: 2
Schwierigkeit: leicht

Zutaten:
- 1 TL Oregano
- 1 TL Paprikapulver
- 1 EL Kokosöl
- 50 g Bio-Walnüsse
- 200 g Bio-Erdnüsse
- 50 g Cashewkerne
- 1 TL Chilipulver
- 1 TL Salz
- 1 TL Thymian

Zubereitung:
1. Vermischen Sie zunächst einmal alle Zutaten miteinander.
2. Legen Sie nun ein Backblech mit Backpapier aus und geben Sie die Zutaten darauf.
3. Lassen Sie alles bei 160 Grad Celsius im Ofen schön anrösten. Anschließend die Nüsse herausnehmen und gut abkühlen lassen.
4. Sie können den Nuss-Mix später in einem luftdicht verschlossenen Behälter aufbewahren und zum Beispiel als Snack genießen.

Tipp: Nüsse sind ein grundlegend wichtiges Nahrungsmittel im Rahmen der veganen Ernährung. Dieser Power-Snack versorgt Sie mit essenziell wichtigen Nährstoffen und fördert somit die Gesundheit und die Leistungsfähigkeit.

68. Tomaten-Rucola Pita mit Walnüssen

Kalorien: 350 kcal | Fett: 32 g | Kohlenhydrate: 25 g | Eiweiß: 11 g

Zubereitungszeit: 15 min
Portionen: 1
Schwierigkeit: leicht

Zutaten:

- 50 g Bio-Gurke
- 1 Vollkorn-Pita
- Saft einer halben Bio-Zitrone
- 50 g Rucola
- 50 g rote Zwiebel
- 30 g Bio-Walnüsse
- 50 g Kirschtomaten
- 1 EL Rapsöl
- Meersalz, Pfeffer

Zubereitung:

1. Schälen und waschen Sie zunächst einmal die Gurke sowie die Kirschtomaten und schneiden Sie anschließend alles klein.
2. Danach die Zwiebel schälen und ebenfalls klein hacken.
3. Auch den Rucola waschen und zusammen mit dem Rapsöl, einer Prise Salz, ein wenig Pfeffer sowie dem Saft der Bio-Zitrone vermischen. Hacken Sie nun auch die Walnüsse klein.
4. Geben Sie nun alle Zutaten nach und nach in die Pita und garnieren Sie zum Schluss mit den gehackten Walnusskernen.

69. Karotten Hummus

Kalorien: 120 kcal | Fett: 8 g | Kohlenhydrate: 6 g | Eiweiß: 3 g

Zubereitungszeit: 20 min
Portionen: 2
Schwierigkeit: leicht

Zutaten:
- 300 g Bio-Möhren
- 2 EL natives Olivenöl
- 1 Knoblauchzehe
- 2 EL Bio-Zitronensaft
- 2 EL Sesampaste
- ½ TL gemahlener Kreuzkümmel
- 1 TL Paprikapulver
- 100 g Kichererbsen aus der Dose
- Prise Meersalz

Zubereitung:
1. Schälen und würfeln Sie zunächst einmal die Karotten. Geben Sie sie dann in einen kleinen Topf, bedecken Sie diese mit Salzwasser und dünsten Sie sie zugedeckt ungefähr 7 Minuten lang.
2. Brausen Sie in der Zwischenzeit die Kichererbsen in einem Sieb kalt ab und lassen Sie sie gut abtropfen. Nun noch den Knoblauch schälen und grob hacken.
3. Gießen Sie nun die Karotten ab und lassen Sie diese gut abtropfen. Geben Sie sie dann in einen hohen Rührbecher. Fügen Sie die Kichererbsen, den Zitronensaft, das Olivenöl und die gehackte Knoblauchzehe hinzu: Alles mit dem Stabmixer zu einer feinen Paste pürieren.
4. Zum Schluss noch die Sesampaste hinzugeben und alles mit Meersalz, dem Paprikapulver sowie dem Kreuzkümmel abschmecken.

70. Kokos-Ananas Salat – ein sommerlicher Genuss

Kalorien: 175 kcal | Fett: 10 g | Kohlenhydrate: 18 g | Eiweiß: 2 g

Zubereitungszeit: 20 min
Portionen: 2
Schwierigkeit: leicht

Zutaten:
- 4 EL Kokosraspeln
- ½ Bio-Ananas
- 300 g Bio-Erdbeeren
- 4 EL Saft einer Bio-Zitrone
- 2 EL Bio-Ahornsirup
- 4 EL geriebene Bio-Zitronenschale

Zubereitung:
1. Rösten Sie in einem ersten Schritt die Kokosraspeln völlig fettfrei in einer Pfanne an.
2. Putzen, waschen und halbieren Sie nun im zweiten Schritt die Erdbeeren.
3. Schälen Sie nun die Ananas, befreien Sie die Frucht vom harten Strunk und würfeln Sie das Fruchtfleisch.
4. Vermischen Sie die abgeriebene Zitronenschale mit dem Zitronensaft sowie dem Ahornsirup: Wenden Sie in dieser Zitronen-Vinaigrette nun die Erdbeeren und die Ananaswürfel. Alles kurz durchziehen lassen und zum Schluss die Kokosraspeln darüberstreuen.

71. Rotkohl-Walnuss-Salat mit Granatapfel

Kalorien: 395 kcal | Fett: 28 g | Kohlenhydrate: 20 g | Eiweiß: 9 g

Zubereitungszeit: 20 min
Portionen: 2
Schwierigkeit: leicht

Zutaten:
- ½ Rotkohl
- 70 g Bio-Walnusskerne
- 1 Granatapfel (Kerne & Saft)
- 30 g tiefgekühlte Petersilie
- 60 ml Apfelessig
- 10 ml Walnussöl
- 3 EL Kokosraspeln
- Meersalz, Pfeffer

Zubereitung:
1. Putzen Sie den Rotkohl, waschen Sie ihn und schneiden Sie ihn in feine Streifen. Hacken Sie dann die Walnusskerne.
2. Vermischen Sie dann die Rotkohlstreifen mit den Granatapfelkernen, dem Saft des Granatapfels, den gehackten Walnüssen, dem Apfelessig sowie dem Walnussöl.
3. Schmecken Sie nun den Salat nach Ihren Wünschen mit Pfeffer und Meersalz ab.
4. Richten sie den Rotkohl-Nuss Salat auf Tellern an und garnieren Sie ihn zum Schluss mit den Kokosraspeln und der Petersilie.

72. Tofu-Carpaccio auf knackigem Gemüsebett

Kalorien: 375 kcal | Fett: 28 g | Kohlenhydrate: 13 g | Eiweiß: 17 g

Zubereitungszeit: 25 min
Portionen: 2
Schwierigkeit: leicht

Zutaten:
- 150 g Räuchertofu
- 1,5 EL Saft einer Bio-Zitrone
- 2 Kohlrabis
- Meersalz, Pfeffer
- ½ Toastbrotscheibe
- 1 TL mittelscharfer Senf
- 15 g gehackte Basilikumblätter
- 4 EL Olivenöl
- 30 g Bio-Rucola
- 15 g gehackte Petersilie

Zubereitung:
1. Geben Sie zuerst das Toastbrot in eine Rührschüssel. Träufeln Sie dann den Zitronensaft und 2 EL Wasser darüber. Lassen Sie alles etwas durchziehen. Den Rucola nun waschen und die Blätter etwas zupfen.
2. Geben Sie nun den Senf, die Basilikumblätter, die gehackte Petersilie, den Rucola und das Olivenöl zu dem Toastbrot in den Rührbecher hinzu. Alles zu einer feinen Salsa verde Creme pürieren und mit Pfeffer und Meersalz würzen.
3. Schälen Sie nun in einem vierten Schritt die Kohlrabis und hobeln Sie diese in kleine Scheiben. Legen Sie die Kohlrabis nun wie einen Fächer auf zwei Teller und geben Sie noch etwas Salz und Pfeffer darüber. Den Tofu in Stücke schneiden und auf den Kohlrabis verteilen.
4. Träufeln Sie zum Schluss noch die Salsa verde darüber und genießen Sie das Carpaccio.

73. Fresh Salad

Kalorien: 440 kcal | Fett: 28 g | Kohlenhydrate: 38 g | Eiweiß: 8 g

Zubereitungszeit: 20 min
Portionen: 2
Schwierigkeit: leicht

Zutaten:
- 2 EL Walnussöl
- 2 Fenchelknollen
- 2 Grapefruits
- 2 EL Apfelessig
- 40 g Bio-Walnusskerne
- Prise Meersalz
- Pfeffer

Zubereitung:
1. Beginnen Sie damit, den Fenchel zu putzen: Entfernen Sie das Grün, hacken Sie es fein und stellen Sie es zunächst einmal zur Seite.
2. Halbieren Sie die Fenchelknollen in der Mitte und dünsten Sie sie in einem Topf mit Salzwasser rund 15 Minuten lang an. Anschließend vom Herd nehmen und auskühlen lassen.
3. Zwischenzeitlich die Grapefruits schälen, die Haut entfernen und die Früchte in Spalten schneiden.
4. Für das Dressing nun das Walnussöl mit dem Apfelessig, einer Prise Meersalz und ein wenig Pfeffer verrühren.
5. Schneiden Sie nun den gegarten Fenchen in feine Streifen und richten Sie ihn zusammen mit den Grapefruit-Spalten auf zwei Tellern an. Geben Sie zum Schluss noch das Dressing darüber und garnieren Sie alles mit den Walnusskernen sowie dem Fenchelgrün.

74. Granola-Sommersalat

Kalorien: 365 kcal | Fett: 26 g | Kohlenhydrate: 20 g | Eiweiß: 9 g

Zubereitungszeit: 25 min
Portionen: 2
Schwierigkeit: leicht

Zutaten:

- 50 g Walnusskerne
- 250 g Bio-Brokkoli
- 1 großer roter Apfel
- 2 EL natives Olivenöl
- 2 EL Saft einer unbehandelten Bio-Zitrone
- 3 EL Sojagurt
- 1 TL Bio-Ahornsirup
- 1 TL Senf (mittelscharf)
- 20 g Sprossen
- Pfeffer, Meersalz

Zubereitung:

1. Hacken Sie zunächst einmal die Walnüsse grob und rösten Sie diese fettfrei in einer Pfanne goldgelb an. Putzen Sie dann den Brokkoli und teilen Sie ihn in Röschen. Hacken Sie anschließend die Röschen ganz fein und ebenso die Brokkoli-Stiele.

2. Waschen Sie nun den Apfel, vierteln Sie ihn und befreien Sie die Frucht vom Kerngehäuse. Schneiden Sie zunächst einmal die Apfelviertel in dünne Spalten und anschließend in feine Stifte. Vermischen Sie die Apfelstifte mit den Walnüssen sowie dem Brokkoli in einer großen Küchenschüssel.

3. Vermischen Sie nun das Olivenöl mit dem Saft der Zitrone, dem Ahornsirup, dem Sojagurt, dem Senf, einer Prise Meersalz und ein wenig Pfeffer. Rühren Sie kräftig um, bis ein schön cremiges Dressing entsteht.

4. Träufeln Sie dieses Dressing dann über den Apfel-Walnuss-Brokkoli Salat und lassen Sie ihn 15 Minuten lang durchziehen.

5. Richten Sie den Salat an und garnieren Sie ihn mit den Sprossen.

75. Buchweizenpasta mit Chili-Rucola Pesto

Kalorien: 540 kcal | Fett: 34 g | Kohlenhydrate: 45 g | Eiweiß: 13 g

Zubereitungszeit: 25 min
Portionen: 2
Schwierigkeit: leicht

Zutaten:
- 40 g Rucola
- 1 Bio-Zitrone
- ½ rote Chilischote
- 2 Knoblauchzehen
- 30 g Bio-Walnusskerne
- 4 EL Olivenöl
- 60 g Prinzessbohnen (TK)
- 150 g Buchweizenpasta
- Meersalz, Pfeffer

Zubereitung:

1. Zuerst einmal zur Pesto-Zubereitung: Waschen Sie den Rucola und schleudern Sie ihn dann trocken. Schneiden Sie ihn dann ganz fein und geben Sie ihn in eine Schüssel. Waschen Sie nun die Zitrone heiß ab und reiben Sie die Schale über dem Rucola ab.

2. Schälen Sie nun noch die beiden Knoblauchzehen und pressen Sie diese fein zum Rucola hinzu.

3. Danach auch die halbe Chilischote waschen, von den Kernen befreien und ganz fein hacken. Hacken Sie auch die Walnusskerne grob. Geben Sie jetzt den Chili zusammen mit den Nusskernen und dem Olivenöl zum Rucola. Schmecken Sie zum Schluss das Pesto noch nach Belieben mit Meersalz und Pfeffer ab.

4. Bringen Sie nun in einem Topf Salzwasser zum Kochen und garen Sie darin die tiefgekühlten Prinzessbohnen.

5. Garen Sie in einem weiteren Topf mit ein wenig Salzwasser die Buchweizenpasta.

6. Gießen Sie anschließend beides ab und geben Sie sowohl die Buchweizennudeln als auch die Prinzessbohnen zum Rucola-Pesto hinzu. Alles gut miteinander vermischen und auf Tellern anrichten.

76. Auberginen-Kurkuma Salat

Kalorien: 310 kcal | Fett: 11 g | Kohlenhydrate: 34 g | Eiweiß: 13 g

Zubereitungszeit: 25 min
Portionen: 2
Schwierigkeit: leicht

Zutaten:

- 1 große Aubergine
- 1 TL Kurkumapulver
- 200 g Sojagurt
- 1 Bio-Knoblauchzehe
- 250 g Kirschtomaten
- 1 EL Olivenöl
- 1 Glas Kichererbsen
- Pfeffer, Salz

Zubereitung:

1. Putzen und waschen Sie zunächst einmal die Aubergine und schneiden Sie sie in kleinere Würfel. Erhitzen Sie nun das Olivenöl in einer Pfanne und braten Sie darin unter stetigem Rühren die Auberginenwürfel an, bis sie schön goldbraun sind.
2. Gießen Sie nun die Kichererbsen in ein Sieb, spülen Sie sie einmal kalt ab und lassen Sie sie gut abtropfen. Geben Sie die Kichererbsen dann in eine Salatschüssel.
3. Waschen Sie nun die Kirschtomaten, halbieren Sie diese und geben Sie sie zu den Kichererbsen hinzu.
4. Würzen Sie nun die Auberginenwürfel in der Pfanne mit einer Prise Meersalz, ein wenig Pfeffer und dem Kurkumapulver. Geben Sie diese dann ebenfalls zu den Kichererbsen hinzu. Mischen Sie alles gut durch und würzen Sie – falls gewünscht – nochmals mit Salz und Pfeffer nach.
5. Füllen Sie nun den Sojagurt in eine Schale. Schälen Sie die Knoblauchzehe, hacken Sie diese ganz fein und geben Sie sie zum Sojagurt hinzu. Würzen Sie dieses Dressing mit Salz und Pfeffer ab.
6. Geben Sie den Knoblauch-Sojagurt noch zum warmen Tomaten-Auberginen Salat.

77. Balance-Salat mit Karotten

Kalorien: 370 kcal | Fett: 30 g | Kohlenhydrate: 17 g | Eiweiß: 7 g

Zubereitungszeit: 25 min
Portionen: 2
Schwierigkeit: leicht

Zutaten:
- 100 g Kirschtomaten
- ½ Bio-Salatgurke
- 2 EL Apfelessig
- 50 g Pinienkerne (geröstet)
- 200 g Rotkohl
- 100 g Bio-Karotten
- 2 EL Leinöl
- Pfeffer, Meersalz

Zubereitung:
1. Schälen Sie erst einmal die Salatgurke, waschen Sie sie und halbieren Sie diese. Schneiden Sie die Gurke dann in Scheiben, geben Sie sie in eine Küchenschüssel und salzen Sie nach Ihrem Geschmack. Lassen Sie die Gurkenscheiben nun ein wenig ziehen.
2. Schälen Sie nun die Karotten und raspeln Sie diese. Teilen Sie dann den Rotkohl in einzelne Blätter und entfernen Sie die harten Mittelrippen. Waschen Sie die Rotkohl-Blätter und schneiden Sie sie dann ganz fein. Auch die Kirschtomaten waschen und halbieren. Vermischen Sie nun die Karotten mit dem Rotkohl in einer Salatschüssel.
3. Nun für das Dressing das Leinöl mit einer Prise Salz, ein wenig Pfeffer und dem Apfelessig verrühren. Die Gurken nochmals kräftig ausdrücken und zum Karotten-Rotkohlsalat hinzugeben. Alles gut mischen.
4. Geben Sie nun das Dressing über den Salat und garnieren Sie alles mit den Pinienkernen sowie den halbierten Kirschtomaten.

78. Kalifornische Avocado-Brote

Kalorien: 520 kcal | Fett: 31 g | Kohlenhydrate: 48 g | Eiweiß: 12 g

Zubereitungszeit: 20 min
Portionen: 4
Schwierigkeit: leicht

Zutaten:
- 200 g Seidentofu
- 2 EL Sesamöl
- 3 EL Reiswein aus dem Asialaden (Mirin)
- 2 reife Bio-Avocados
- 1 Kasten Gartenkresse
- 8 Brotscheiben
- Salz, Pfeffer

Zubereitung:
1. Rühren Sie zunächst einmal den Seidentofu mit dem Sesamöl und dem Reiswein glatt und salzen Sie nach Ihrem Geschmack.
2. Halbieren Sie nun die Avocados und entfernen Sie die Kerne. Heben Sie das Fruchtfleisch vorsichtig mit einem Löffel aus der Schale und schneiden Sie es in dünne Streifen. Nach Belieben pfeffern und salzen.
3. Nun die Gartenkresse waschen.
4. Bestreichen Sie nun alle Brotscheiben mit der Tofu-Mayonnaise. Auf vier der Brotscheiben verteilen Sie nun die Gartenkresse. Über die Gartenkresse nun die Avocado-Streifen legen und mit den restlichen Brotscheiben abdecken.
5. Drücken Sie die Brote fest zusammen und genießen Sie diese.

79. Champignon-Salat

Kalorien: 125 kcal | Fett: 11 g | Kohlenhydrate: 2 g | Eiweiß: 3 g

Zubereitungszeit: 15 min
Portionen: 4
Schwierigkeit: leicht

Zutaten:
- 250 g Bio-Champignons
- 6 Stängel frische Petersilie
- 4 EL Olivenöl
- 1 EL Aceto balsamico bianco
- 4 getrocknete Tomaten
- 2 EL Kapern
- Pfeffer, Salz

Zubereitung:
1. Putzen Sie die Champignons und schneiden Sie diese schön in feine Scheiben. Brausen Sie dann die Petersilie kalt ab, schütteln Sie sie trocken und zupfen Sie die Blättchen von den Stängeln. Hacken Sie die Stängel nun grob und die Blätter ganz fein.
2. Die gehackten Petersilienstängel mit dem Olivenöl, dem Balsamico-Essig sowie einer getrockneten Tomate in einen hohen Rührbecher geben und mit dem Pürierstab fein mixen. Pfeffern und salzen Sie nach Ihrem Geschmack.
3. Hacken Sie nun auch die restlichen getrockneten Tomaten und bei Bedarf auch die Kapern. Vermischen Sie anschließend alle Zutaten in einer Schüssel miteinander und garnieren Sie noch mit den gehackten Petersilien-Blättchen.

Tipp: Champignons sind eine ausgezeichnete pflanzliche Proteinquelle und somit ein Must-have in der veganen Ernährung.
Diesen Salat können Sie übrigens auch in ein Schraubglas füllen und bequem mitnehmen.

80. Marokkanischer Couscous mit Kurkuma-Creme

Kalorien: 305 kcal | Fett: 6 g | Kohlenhydrate: 52 g | Eiweiß: 10 g

Zubereitungszeit: 20 min
Portionen: 4
Schwierigkeit: leicht

Zutaten:
- 250 g Couscous
- 1 Bio-Zitrone
- 100 ml Bio-Kokosmilch
- 1 TL Kurkumapulver
- 300 g Bio-Karotten
- Pfeffer, Salz

Zubereitung:

1. Bereiten Sie den Couscous nach Packungsanweisung zu und lassen Sie ihn ungefähr 15 Minuten lang quellen.

2. Waschen Sie zwischenzeitlich die Zitrone heiß ab, trocknen Sie diese und reiben Sie die Schale fein ab. Halbieren Sie anschließend die Zitrone und pressen Sie den Saft aus. Geben Sie Zitronensaft und Zitronenschale zusammen mit dem Kurkumapulver sowie der Kokosmilch in eine kleine Küchenschüssel und verrühren Sie alles gut miteinander.

3. Putzen und schälen Sie nun die Karotten und raspeln Sie die Hälfte davon. Die restlichen Karotten fein würfeln und 5 Minuten in ein wenig kochendem Salzwasser bissfest garen.

4. Rühren Sie nun alle Zutaten unter den Couscous und schmecken Sie noch nach Ihrem Geschmack mit Pfeffer und Salz ab.

Smoothies und Getränke

Smoothies sind sowohl ein gesundes Frühstück als auch ein herrlich erfrischender Snack für zwischendurch.
Smoothies sind aktuell hoch im Trend: Ganz egal ob fruchtig, süß, herb, grün oder rot: Die bunten Vitaminbomben schmecken Groß und Klein und dürfen vor allem im Rahmen einer veganen Ernährung nicht fehlen. Smoothies und Getränke helfen Ihnen den täglichen Obst- und Gemüsebedarf zu decken. Zudem brauchen Sie für die Zubereitung nicht viele Zutaten und können die köstlichen Getränke auch ganz bequem mitnehmen!

Tun Sie Ihrer Gesundheit also etwas richtig Gutes und genießen Sie die tägliche Vital- und Nährstoffpower!
Tasten Sie sich auch schrittweise an grüne Smoothies heran, denn sie liefern besonders wertvolle Nährstoffe. Gewürze wie Kardamom, Vanille, Zimt und Kurkuma, aber auch frische Minze, Basilikum oder Koriander sorgen für reichlich geschmackliche Abwechslung.

Viel Freude beim Ausprobieren und Genießen!

81. Joghurt-Cranberry Shake

Kalorien: 165 kcal | Fett: 5 g | Kohlenhydrate: 20 g | Eiweiß: 8 g

Zubereitungszeit: 10 min
Portionen: 2
Schwierigkeit: leicht

Zutaten:
- 100 g Cranberrys
- 250 ml Bio-Sojadrink
- 1 EL Bio-Agavendicksaft
- 150 g Sojagurt
- 4 Eiswürfel

Zubereitung:
1. Geben Sie alle Zutaten – bis auf die Eiswürfel – in einen leistungsfähigen Mixer und pürieren Sie alles durch bis ein schön cremiger Smoothie entsteht.
2. Verteilen Sie den Smoothie nun auf zwei Gläser und fügen Sie die Eiswürfel hinzu.

Tipp: Möchten Sie Ihren Smoothie zu einem echten optischen Highlight machen? Dann machen Sie doch einmal Cranberry-Eiswürfel! Geben Sie dafür einfach Cranberrys und Wasser in Ihren Eiswürfelbehälter.

82. Joghurt Avocado Smoothie

Kalorien: 185 kcal | Fett: 12 g | Kohlenhydrate: 8 g | Eiweiß: 8 g

Zubereitungszeit: 15 min
Portionen: 2
Schwierigkeit: leicht

Zutaten:
- 300 g Sojagurt
- ½ reife Bio-Avocado
- 1 Bio-Limette
- 1 TL Chilipulver
- 4-5 Eiswürfel

Zubereitung:
1. Halbieren Sie die Avocado, entfernen Sie den Kern und holen Sie mithilfe eines Esslöffels das Fruchtfleisch einer Avocado-Hälfte aus der Schale. Schneiden Sie das Fruchtfleisch in grobe Stücke und geben Sie es in einen Shaker.
2. Pressen Sie nun den Saft der Bio-Limette aus.
3. Geben Sie alle Zutaten – bis auf die Eiswürfel – in Ihren Shaker und mixen Sie alles kräftig durch.
4. Zum Schluss den Smoothie auf zwei Gläser verteilen und die Eiswürfel hineingeben.

83. Mandel-Orangen-Smoothie

Kalorien: 220 kcal | Fett: 12 g | Kohlenhydrate: 13 g | Eiweiß: 11 g

Zubereitungszeit: **10 min**
Portionen: **2**
Schwierigkeit: **leicht**

Zutaten:
- 1 große Bio-Orange
- 4 EL gehackte Mandeln
- 250 g Bio-Mandeldrink
- 200 ml Sojagurt
- 2 EL Bio-Agavendicksaft

Zubereitung:
5. Halbieren Sie zunächst einmal die Orange, trennen Sie die Frucht in Spalten und entfernen Sie die weißen Trennhäutchen.
6. Geben Sie alle Zutaten in Ihren Smoothie-Shaker und pürieren Sie alles zu einem feincremigen Smoothie.
7. Verteilen Sie den Smoothie auf Gläser und servieren Sie ihn.

Tipp: Am besten schmeckt dieser Smoothie, wenn sowohl die Mandelmilch als auch der Soja-Joghurt schön gekühlt sind.
Bei Bedarf können Sie gerne auch noch einige Eiswürfel in den Smoothie geben.

84. Bananen-Mango-Smoothie

Kalorien: 155 kcal | Fett: 2 g | Kohlenhydrate: 32 g | Eiweiß: 3 g

Zubereitungszeit: 15 min
Portionen: 2
Schwierigkeit: leicht

Zutaten:
- 1 mittelgroße Mango
- 1 Bio-Limette
- 200 ml Bio-Mandeldrink
- 1 Bio-Banane

Zubereitung:
1. Schälen Sie die Mango und die Banane und zerkleinern Sie das Fruchtfleisch grob
2. Geben Sie dann die Früchte zusammen mit dem Mandeldrink in Ihren Smoothie-Maker und mixen Sie alles kräftig durch.
3. Halbieren Sie nun die Bio-Limette und schneiden Sie eine Scheibe aus.
4. Pressen Sie nun den Saft der Limette aus und geben ihn zum Smoothie hinzu.
5. Füllen Sie den Smoothie in Gläser. Halbieren Sie die Limettenscheibe und stecken Sie je eine Scheibe auf die Glasränder.

Tipp: Besonders an heißen Sommertagen können Sie das Obst am Vorabend bereits schneiden und einfrieren. So können Sie einen herrlich fruchtiges und kühles Frappé produzieren.

85. Hafer-Himbeer-Smoothie

Kalorien: 225 kcal | Fett: 10 g | Kohlenhydrate: 21 g | Eiweiß: 10 g

Zubereitungszeit: 15 min
Portionen: 2
Schwierigkeit: leicht

Zutaten:
- 2 EL Haferflocken
- 300 ml Bio-Haferdrink
- 100 g Haferjoghurt
- 250 g frische Himbeeren
- 1 EL Bio-Ahornsirup

Zubereitung:
1. Waschen Sie vorsichtig die Himbeeren und pürieren Sie diese im Smoothie-Shaker zu einem cremigen Mus.
2. Geben Sie nun auch die restlichen Zutaten hinzu und rühren Sie alles weiter, bis ein cremig-glatter Smoothie entsteht. Sollte der Smoothie zu dickflüssig sein, können Sie noch einen Schuss Haferdrink hinzugeben.
3. Verteilen Sie den Drink auf Gläser und servieren Sie ihn mit einem Strohhalm.

Tipp: Sie können anstatt Haferdrink und Haferjoghurt auch Kokosmilch und veganen Kokosjoghurt (vegan) verwenden.

86. Pflaumen-Zimt Smoothie

Kalorien: 105 kcal | Fett: 3 g | Kohlenhydrate: 14 g | Eiweiß: 5 g

Zubereitungszeit: 10 min
Portionen: 2
Schwierigkeit: leicht

Zutaten:
- 5 Zwetschgen
- 200 ml Bio-Sojadrink
- 200 ml stilles Mineralwasser
- 1 TL Zimtpulver
- Nach Belieben: 1 TL Bio-Ahornsirup

Zubereitung:

1. Waschen Sie die Zwetschgen, halbieren Sie diese und entfernen Sie die Steine. Schneiden Sie die Fruchthälften dann in Stückchen.

2. Geben Sie dann alle Zutaten in einen Mixer und pürieren Sie alles durch.

3. Schmecken Sie den Smoothie zum Schluss noch mit Zimtpulver und Ahornsirup ab und verteilen Sie ihn auf zwei Gläser.

87. Rote Beete-Kirsch-Smoothie

Kalorien: 165 kcal | Fett: 2 g | Kohlenhydrate: 32 g | Eiweiß: 3 g

Zubereitungszeit: 15 min
Portionen: 2
Schwierigkeit: leicht

Zutaten:
- 150 ml Bio-Mandeldrink
- 1 Bio-Limette
- 50 ml Rote-Beete-Saft
- 150 g Kirschen
- 1 TL Bio-Agavendicksaft

Zubereitung:
1. Halbieren Sie die Limette und pressen Sie den Saft aus.
2. Waschen Sie dann die Kirschen und entsteinen Sie diese.
3. Geben Sie nun alle Zutaten in einen Küchenmixer und pürieren Sie alles zu einem glatten Shake.
4. Verteilen Sie den Smoothie auf 2 Gläser.

88. Zimt-Soja Latte

Kalorien: 95 kcal | Fett: 6 g | Kohlenhydrate: 20 g | Eiweiß: 10 g

Zubereitungszeit: 10 min
Portionen: 1
Schwierigkeit: leicht

Zutaten:
- 250 ml Bio-Sojadrink
- 1 Sternanis
- ½ TL Matcha-Pulver
- 1 Zimtstange
- Bio-Ahornsirup zum Süßen

Zubereitung:
1. Beginnen Sie zuerst damit, in einem Topf den Sojadrink mit der Zimtstange und dem Sternanis zu erhitzen. Lassen Sie alles zugedeckt für etwa 5 Minuten bei geringer Hitze köcheln.
2. Nach der Kochzeit den Sternanis und die Zimtstange herausnehmen und das Matcha-Pulver hinzugeben. Nun alles mit dem Schneebesen schaumig schlagen und mit etwas Ahornsirup süßen.
3. Füllen Sie nun alles in ein Glas und genießen Sie den Drink.

89. Veganer Power-Latte

Kalorien: 150 kcal | Fett: 6 g | Kohlenhydrate: 15 g | Eiweiß: 10 g

Zubereitungszeit: 10 min
Portionen: 1
Schwierigkeit: leicht

Zutaten:
- 250 ml Bio-Sojadrink
- 2 Datteln
- 1 kleines Kurkuma-Stückchen – 1 cm groß
- 1 kleines Ingwer-Stückchen – 1 cm groß
- ½ Vanilleschote

Zubereitung:
1. Für dieses Power-Getränk schälen Sie zuerst die Kurkuma und den Ingwer. Anschließend beides klein hacken. Schneiden Sie nun die Vanilleschote längs auf und kratzen Sie das Mark heraus.
2. In einem Topf nun den Sojadrink mit dem Ingwer, der Kurkuma sowie dem Mark der Vanilleschote für 5 Minuten aufkochen lassen.
3. Zwischenzeitlich die Dattel entkernen und mit dem warmen Sojadrink pürieren. Alles in ein Glas füllen und genießen.

90. Red Juice

Kalorien: 160 kcal | Fett: 6 g | Kohlenhydrate: 22 g | Eiweiß: 4 g

Zubereitungszeit: 10 min
Portionen: 1
Schwierigkeit: leicht

Zutaten:
- 200 g Bio-Heidelbeeren
- 1 EL Kakao-Nibs
- 100 g frische Himbeeren
- 200 g Radicchio

Zubereitung:
1. Beginnen Sie damit den Radicchio zu waschen, den Strunk zu entfernen und die Blätter ganz fein zu hacken.
2. Nun die Früchte waschen und in einen Multi-Zerkleinerer geben
3. Geben Sie nun noch die Kakao-Nibs und den Radicchio hinzu und pürieren Sie alles zu einem leckeren Smoothie.
4. Anschließend in ein Glas füllen und genießen.

Tipp: Dieses köstliche Power-Getränk ist ein ausgezeichneter Start in den Tag!

91. Green Grapefruit Juice

Kalorien: 150 kcal | Fett: 7 g | Kohlenhydrate: 14 g | Eiweiß: 7 g

Zubereitungszeit: 10 min
Portionen: 1
Schwierigkeit: leicht

Zutaten:
- 1 EL Cashew Mus
- 60 g Grünkohlblätter
- ½ Bio-Grapefruit
- 1 Dattel

Zubereitung:
1. Beginnen Sie in einem ersten Schritt damit, den Grünkohl zu waschen und klein zu hacken. Die Grapefruit schälen und die weiße Haut entfernen. Anschließend in Stücke schneiden und entkernen.
2. Entkernen Sie als Nächstes die Dattel und schneiden Sie diese ebenfalls klein. Geben Sie nun alle Zutaten in einen Mixer und gießen Sie alles mit 150 ml Wasser auf. Pürieren Sie nun alles zu einem Saft und genießen Sie ihn frisch.

92. Vanilla-Trauben-Drink

Kalorien: 125 kcal | Fett: 2 g | Kohlenhydrate: 27 g | Eiweiß: 2 g

Zubereitungszeit: 10 min
Portionen: 1
Schwierigkeit: leicht

Zutaten:
- 1 Vanilleschote
- 150 g dunkle Weintrauben
- ½ Bio-Limette
- Nach Belieben: Eiswürfel

Zubereitung:
1. Beginnen Sie damit, die halbe Limette auszupressen. Waschen Sie anschließend die Trauben, entfernen Sie die Stiele und schneiden Sie die Trauben klein.

2. Nun die Vanilleschote aufschneiden und das Mark vorsichtig herauskratzen.

3. Geben Sie nun den Limettensaft, das Mark der Vanilleschote, die Trauben und etwas Wasser oder Eiswürfel in einen Multi-Zerkleinerer. Mixen Sie nun alles gründlich durch und genießen Sie anschließend Ihren frischen Drink.

93. Kalorienreduzierter Vanille-Latte

Kalorien: 45 kcal | Fett: 1 g | Kohlenhydrate: 9 g | Eiweiß: 2 g

Zubereitungszeit: 10 min
Portionen: 1
Schwierigkeit: leicht

Zutaten:
- 1 Msp. gemahlene Vanille
- ½ TL Matcha Pulver
- 200 ml Bio-Mandeldrink (ungesüßt)

Zubereitung:
1. Erhitzen Sie zuerst 50 ml Mandelmilch in einem Topf. Geben Sie nun das Matcha-Pulver in eine Tasse und gießen Sie die warme Milch darüber. Alles mit dem Schneebesen gut verrühren, bis eine klumpenfreie Milch entstanden ist.
2. Erhitzen Sie nun die restliche Milch in einem Topf und geben Sie die gemahlene Vanille hinein. Alles kurz aufkochen lassen und etwas schaumig rühren. Zum Schluss zur Matcha-Milch hinzugeben und servieren.

94. Exotischer Sommer-Smoothie

Kalorien: 410 kcal | Fett: 28 g | Kohlenhydrate: 24 g | Eiweiß: 13 g

Zubereitungszeit: 5 min
Portionen: 1
Schwierigkeit: leicht

Zutaten:
- 10 Stk. Bio-Erdbeeren
- 1 Prise Chilipulver
- 6 Walnuss-Hälften
- 100 g Kokosjoghurt vegan
- 1 entsteinte Dattel
- 1 Handvoll Grünkohlblätter
- ½ TL Kurkumapulver
- 20 g dunkle vegane Schokolade (über 70 % Kakaoanteil)
- 200 ml Bio-Mandeldrink ungesüßt

Zubereitung:
1. Waschen Sie nun die Erdbeeren und die Grünkohlblättern und zerkleinern Sie alles.
2. Geben Sie nun alle Zutaten in einen Multi-Zerkleinerer und pürieren Sie alles zu einem herrlich frischen Smoothie.

95. Bananen Drink

Kalorien: 190 kcal | Fett: 8 g | Kohlenhydrate: 24 g | Eiweiß: 4 g

Zubereitungszeit: 5 min
Portionen: 1
Schwierigkeit: leicht

Zutaten:
- 10 g Walnüsse
- 150 ml Wasser
- 70 g halbierte Bio-Erdbeeren (ohne Grün)
- 40 g Bio-Heidelbeeren
- 40 g frische Himbeeren
- 1 mittelgroße geschnittene Bio-Banane

Zubereitung:
1. Geben Sie alle Zutaten in einen Multi-Zerkleinerer und mixen Sie alles zu einem geschmeidigen Smoothie.

96. Apfel-Smoothie mit Ingwer-Note

Kalorien: 185 kcal | Fett: 8 g | Kohlenhydrate: 24 g | Eiweiß: 3 g

Zubereitungszeit: 5 min
Portionen: 1
Schwierigkeit: leicht

Zutaten:
- 10 St. Walnüsse
- 200 ml kaltes Wasser
- 25 g geraspelte Bio-Karotten
- ½ TL Kurkumapulver
- 5 g fein geschnittener Ingwer
- 100 g klein geschnittener Bio-Apfel
- 1 Dattel ohne Stein

Zubereitung:
1. Geben Sie alle Zutaten in einen Smoothie-Maker und pürieren Sie alles zu einem herrlich glatten Smoothie.

97. Nuss-Reisdrink

Kalorien: 260 kcal | Fett: 16 g | Kohlenhydrate: 17 g | Eiweiß: 10 g

Zubereitungszeit: 5 min
Portionen: 1
Schwierigkeit: leicht

Zutaten:

- 50 ml Bio-Orangensaft (frisch gepresst)
- 2 EL Sanddorn-Mus
- 3 gehackte Walnüsse
- 150 ml Bio-Reisdrink

Zubereitung:

1. Pürieren Sie das Sanddorn-Mus zusammen mit dem Reisdrink, dem frisch gepressten Orangensaft sowie den Walnusskernen in einem leistungsfähigen Mixer, bis ein köstlich cremiger Smoothie entsteht!

Tipp: Dieser Smoothie stärkt wunderbar Ihre Immunabwehrkräfte!

98. Chocolate-Coffee-Smoothie

Kalorien: 130 kcal | Fett: 8 g | Kohlenhydrate: 10 g | Eiweiß: 4 g

Zubereitungszeit: 10 min
Portionen: 1
Schwierigkeit: leicht

Zutaten:
- 125 ml Filterkaffee
- 2 Datteln – ohne Stein
- 75 ml Bio-Sojadrink
- 1 EL vegane Schokolade mit hohem Kakaoanteil (85 %)

Zubereitung:
1. Geben Sie alle Zutaten in einen Multifunktions-Mixer und pürieren Sie alles schön cremig durch.
2. Genießen Sie den Kaffee-Schoko-Drink am besten noch warm!

99. Kiwi Limetten Saft

Kalorien: 185 kcal | Fett: 3 g | Kohlenhydrate: 36 g | Eiweiß: 4 g

Zubereitungszeit: 10 min
Portionen: 1
Schwierigkeit: leicht

Zutaten:
- 250 g Bio-Kiwi
- ½ Granatapfel
- 2 Bio-Limetten (Saft)
- 1 TL Rohrzucker
- 5 Eiswürfel

Zubereitung:

1. Pürieren Sie erst einmal die Hälfte des Granatapfels mit dem Kiwi-Fruchtfleisch sowie dem Saft der beiden Bio-Limetten.

2. Geben Sie anschließend die Eiswürfel in ein Glas und übergießen Sie diese mit dem Smoothie.

3. Rühren Sie zum Schluss noch den Rohrzucker ein.

100. Pfefferminz-Soja-Smoothie

Kalorien: 115 kcal | Fett: 6 g | Kohlenhydrate: 7 g | Eiweiß: 7 g

Zubereitungszeit: 10 min
Portionen: 1
Schwierigkeit: leicht

Zutaten:
- 8 Pfefferminze-Stängel
- 1 TL Currypulver
- 300 ml Sojadrink – Typ Vanille
- 1 TL Kurkumapulver

Zubereitung:
1. Waschen Sie die Pfefferminze-Stängel, schütteln Sie diese gut trocken und zupfen Sie die Blätter von den Stielen. Hacken Sie danach alles schön fein.
2. Geben Sie nun die Minze, den Sojadrink, das Curry- sowie das Kurkumapulver in einen Shaker und mixen Sie alles kräftig durch.
3. Verteilen Sie den Smoothie auf zwei Gläser und genießen Sie ihn im Idealfall noch kühl.

101. Vitaler Detox Shake

Kalorien: 155 kcal | Fett: 2 g | Kohlenhydrate: 29 g | Eiweiß: 3 g

Zubereitungszeit: 10 min
Portionen: 1
Schwierigkeit: leicht

Zutaten:
- ½ roter Bio-Apfel
- 4 Chicorée-Blätter
- 1 Gurken-Stückchen – 5 cm groß
- 120 ml Kokoswasser
- 1 Ingwerstückchen – 1 cm
- ½ Bio-Grapefruit

Zubereitung:
1. Schälen Sie zunächst einmal den Ingwer und die Grapefruit. Ebenso die Gurke von ihrer Schale befreien. Befreien Sie dann auch noch die Apfelhälfte vom Kerngehäuse und schneiden Sie die Frucht grob.
2. Geben Sie dann alle Zutaten in den Shaker und mixen Sie alles gründlich durch. Sollte der Shake zu dickflüssig sein, können Sie noch ein wenig Kokoswasser oder Wasser hinzufügen.

102. Chili-Melonen-Smoothie

Kalorien: 195 kcal | Fett: 2 g | Kohlenhydrate: 43 g | Eiweiß: 4 g

Zubereitungszeit: 15 min
Portionen: 1
Schwierigkeit: leicht

Zutaten:
- ¼ Bio-Wassermelone
- ¼ Galia-Melone
- 1 TL Chilipulver
- Optional: 1 TL Puderzucker
- Eiswürfel

Zubereitung:
1. Schneiden Sie zunächst einmal das Fruchtfleisch beider Melonensorten in Stückchen und entfernen Sie – falls nötig – die Kerne.
2. Pürieren Sie nun die Melonen in einem Shaker zusammen mit den Eiswürfeln und dem Chilipulver.
3. Wenn Sie möchten, können Sie noch ein wenig Puderzucker hinzugeben.

Tipp: Dieser Smoothie ist einfach herrlich an heißen Sommertagen!

103. Beerenfrüchte Shake

Kalorien: 245 kcal | Fett: 14 g | Kohlenhydrate: 19 g | Eiweiß: 7 g

Zubereitungszeit: 20 min
Portionen: 2
Schwierigkeit: leicht

Zutaten:
- 2 TL Chiasamen
- 30 g Walnusskerne
- 250 g TK-Beerenmix
- 400 ml Bio-Mandeldrink

Zubereitung:
1. Lassen Sie die Beeren ein wenig auftauen und geben Sie in der Zwischenzeit 200 ml des Mandeldrinks mit den Walnusskernen in einen Smoothie-Maker.
2. Alles kräftig durchmixen, bis die Walnüsse vollständig zerkleinert sind.
3. Geben Sie nun die Beeren sowie den restlichen Mandeldrink hinzu und pürieren Sie alles zu einem feincremigen Smoothie.
4. Füllen Sie den Shake in Gläser und streuen Sie zum Schluss noch die Chiasamen darüber.

104. Rhabarbersaft mit Limette & Heidelbeeren

Kalorien: 130 kcal | Fett: 2 g | Kohlenhydrate: 20 g | Eiweiß: 8 g

Zubereitungszeit: 10 min
Portionen: 2
Schwierigkeit: leicht

Zutaten:
- 200 ml Rhabarbersaft
- 200 g Bio-Heidelbeeren
- 2 Bio-Limetten
- 4 EL Sojagurt
- 4 Eiswürfel

Zubereitung:
1. Waschen Sie erst einmal die Erdbeeren und legen Sie zwei Früchte für die spätere Verzierung zur Seite. Putzen Sie die restlichen Erdbeeren und halbieren Sie diese.
2. Presse nun den Saft der beiden Bio-Limetten aus. Wenn Sie Rhabarbersaft kaufen, achten Sie bitte unbedingt darauf, dass dieser keine unnötigen Zusätze enthält!
3. Geben Sie alle Zutaten in einen Mixer und pürieren Sie alles zu einem feincremigen Drink.
4. Verteilen Sie den Drink auf zwei Gläser, geben Sie die Eiswürfel hinzu und garnieren Sie mit den beiseitegestellten Erdbeeren.

105. Kokos-Banane-Frappé mit Limetten-Note

Kalorien: 220 kcal | Fett: 5 g | Kohlenhydrate: 35 g | Eiweiß: 6 g

Zubereitungszeit: 10 min
Portionen: 2
Schwierigkeit: leicht

Zutaten:
- 350 ml Bio-Kokosmilch
- 1 Bio-Limette
- 2 EL Kokosraspeln
- 1 mittelgroße Bio-Banane
- Eiswürfel

Zubereitung:
1. Halbieren Sie die Limette und pressen Sie den Saft aus.
2. Schälen Sie nun die Banane und brechen Sie diese in Stückchen.
3. Pürieren Sie alle Zutaten – zusammen mit den Eiswürfeln – zu einem cremigen Frappé.
4. Verteilen Sie alles auf 2 Gläser und servieren Sie den Smoothie.

Aufläufe und Gratins

Aufläufe und Gratins sind immer wieder eine hervorragende Möglichkeit, um seinen kulinarischen Ideen und seiner Kreativität freien Lauf zu lassen. Sie bieten Ihnen eine perfekte Gelegenheit für eine abwechslungsreiche vegane Küche.
Ganz egal, ob Sie vegane Käsealternativen nutzen möchten oder nicht: Vegane Aufläufe und Gratins sind immer etwas Besonderes.

Entdecken Sie selbst immer wieder neue Rezeptkreationen und Nahrungsmittelkombinationen. Die Pflanzenernährung bietet Ihnen hier eine sehr große Bandbreite.
Viel Freude beim Experimentieren, Kochen und Genießen!

106. Überbackene Kräuter-Aubergine

Kalorien: 265 kcal | Fett: 2 g | Kohlenhydrate: 49 g | Eiweiß: 11 g

Zubereitungszeit: 15 min
Portionen: 2
Schwierigkeit: leicht

Zutaten:
- 400 g Bio-Strauchtomaten
- 2 St. Auberginen
- Pfeffer, Meersalz
- Frische Petersilie
- Prise Knoblauchpulver
- 4 Vollkornbrot-Scheiben

Zubereitung:
1. Beginnen Sie damit, die Auberginen zu waschen. Halbieren Sie diese anschließend und holen Sie das Fruchtfleisch mithilfe eines Löffels heraus. Das Fruchtfleisch nun noch klein schneiden und würzen.
2. Waschen Sie nun die Strauchtomaten und schneiden Sie diese in kleine Stückchen.
3. Bröseln Sie das Vollkornbrot etwas klein und geben Sie es zusammen mit dem Auberginen-Fruchtfleisch und den Tomaten in eine Schüssel. Vermischen Sie alles gut miteinander.
4. Befüllen Sie nun die Auberginen damit und legen Sie alles in eine Auflaufform. Würzen Sie nach Belieben mit Meersalz, Pfeffer und dem Knoblauchpulver. Gießen Sie etwas Wasser hinzu, bis der Boden der Form belegt ist.
5. Backen Sie die gefüllten Auberginen für 30 Minuten bei 200 Grad. Anschließend aus dem Ofen nehmen und mit der frischen Petersilie bestreuen.

107. Mediterraner Grünkohl-Auflauf

Kalorien: 285 kcal | Fett: 15 g | Kohlenhydrate: 32 g | Eiweiß: 11 g

Zubereitungszeit: 35 min
Portionen: 2
Schwierigkeit: leicht

Zutaten:
- 200 g Bio-Karotten
- 200 g Bio-Kartoffeln - festkochend
- 1 Küchenzwiebel
- 4 Thymianzweige
- 200 g weiße Bohnen – aus der Dose
- 2 EL Olivenöl
- 2 Knoblauchzehen
- 200 g Grünkohl
- 2 Lorbeerblätter
- Pfeffer, Salz
- 400 g stückige Tomaten (Dose)
- ½ TL Kurkuma
- 4 EL veganen Käse (gerieben)

Zubereitung:
1. Schälen Sie zuerst die Zwiebel und den Knoblauch. Schneiden Sie beides anschließend klein. Als nächstes die Kartoffeln und Karotten schälen und klein schneiden. Den Grünkohl waschen und von den Stielen entfernen.
2. Erhitzen Sie nun das Olivenöl in einem Topf und geben Sie den Knoblauch sowie die Zwiebeln hinein. Gut andünsten und anschließend mit 1 l Wasser ablöschen.
3. Nach und nach die Karotten, die Kartoffeln sowie die Grünkohlblätter hineingeben. Fügen Sie dann noch Kurkuma, die Thymianzweige und die Lorbeerblätter hinzu. Alles bei niedriger Hitze 20 Minuten köcheln lassen. Die Tomaten hinzugeben und etwas zerdrücken. Die Bohnen waschen und ebenfalls untermengen. Alles für 5 Minuten köcheln lassen.
4. Würzen Sie nun alles mit Pfeffer und Salz und geben Sie alles in eine feuerfeste Auflaufform. Streuen Sie noch ein wenig veganen Käse darüber und geben Sie alles noch 10 Minuten bei 150 Grad in den Backofen.

108. Sellerie-Kartoffelgratin

Kalorien: 175 kcal | Fett: 13 g | Kohlenhydrate: 12 g | Eiweiß: 4 g

Zubereitungszeit: 20 min
Portionen: 6
Schwierigkeit: leicht

Zutaten:
- 1 Knoblauchzehe
- 3 Thymianzweige
- 350 ml Soja-Creme
- Pfeffer, Salz
- 500 g Knollensellerie
- 300 g festkochende Bio-Kartoffeln
- 1 EL Walnussöl
- 1 Msp. Muskatnusspulver

Zubereitung:
1. Schälen Sie zunächst einmal den Knoblauch. Reiben Sie mit der Knoblauchzehe die Auflaufform aus und hacken Sie die Zehe dann fein.
2. Waschen Sie die Thymianzweige und schütteln Sie diese trocken. Zupfen Sie dann die Blättchen ab und hacken Sie sie.
3. Verrühren Sie die Soja-Creme mit dem Knoblauch, dem Thymian, einer Prise Salz und ein wenig Pfeffer.
4. Schälen Sie den Knollensellerie, waschen und vierteln Sie ihn. Auch die Kartoffeln schälen und waschen. Schneiden Sie Kartoffeln und Sellerie nun in dünne Scheiben und mischen Sie beides miteinander.
5. Geben Sie die Kartoffeln- und Sellerie-Scheiben abwechselnd in die Auflaufform und würzen Sie mit Walnussöl, Pfeffer, Salz und dem Muskatnusspulver.
6. Gießen Sie zum Schluss noch die Soja-Creme darüber und backen Sie das Gratin im Ofen bei 200 Grad 45 bis 50 Minuten goldbraun.

109. Veganes Nudelgratin

Kalorien: 750 kcal | Fett: 26 g | Kohlenhydrate: 103 g | Eiweiß: 28 g

Zubereitungszeit: 15 min
Portionen: 4
Schwierigkeit: leicht

Zutaten:
- 500 g Vollkornnudeln
- Meersalz, Pfeffer
- 1 Küchenzwiebel
- 1 Knoblauchzehe
- 2 EL vegane Margarine
- 250 ml Sojacreme
- 200 g Räuchertofu
- 1 Bio-Zitrone
- 250 ml Bio-Sojadrink
- 30 g Vollkornmehl
- 10 Kirschtomaten
- Muskatnusspulver

Zubereitung:
1. Kochen Sie erst einmal in reichlich Salzwasser die Nudeln bissfest. Gießen Sie diese dann in ein Sieb ab und lassen Sie sie gut abtropfen.
2. Nun die Zwiebel und die Knoblauchzehe schälen und fein hacken. Erhitzen Sie in einem Topf die vegane Margarine und braten Sie darin den Knoblauch und die Zwiebel glasig an. Rühren Sie anschließend das Vollkornmehl unter und löschen Sie alles mit dem Sojadrink und der Sojacreme ab. Lassen Sie alles bei mittlerer Hitzezufuhr und unter stetigem Rühren sämig einköcheln.
3. Pressen Sie nun die Bio-Zitrone aus. Reiben Sie den Räuchertofu in die Soße und schmecken Sie alles mit dem Saft der Zitrone, Salz, Pfeffer sowie dem Muskatnusspulver würzig ab.
4. Verteilen Sie die Nudeln in der Auflaufform und übergießen Sie diese mit der Sauce. Putzen, waschen und halbieren Sie nun noch die Kirschtomaten und legen Sie diese oben auf den Auflauf. Im vorgeheizten Ofen das Gratin bei 180 Grad 40 Minuten goldbraun backen.

Tipp: Sojadrink, Sojacreme und Tofu liefern Ihnen wertvolle Proteine!

110. Romanesco-Topinambur Gratin

Kalorien: 205 kcal | Fett: 13 g | Kohlenhydrate: 17 g | Eiweiß: 9 g

Zubereitungszeit: 15 min
Portionen: 4
Schwierigkeit: leicht

Zutaten:
- 600 g Romanesco
- Salz, Pfeffer
- 4 EL Olivenöl
- 2 Bio-Knoblauchzehen
- 4 EL Quinoa-Flocken
- 2 EL Saft einer Bio-Zitrone
- 1 TL Chiliflocken
- 2 EL Schnittlauchröllchen
- 500 g Topinambur

Zubereitung:
1. Brausen Sie den Romanesco ab und zerteilen Sie ihn in einzelne Röschen. Schälen Sie dann die Topinambur und schneiden Sie diese in Scheiben. Zusammen mit dem Romanesco nun die Topinambur rund 5 Minuten im Salzwasser blanchieren. Abseihen und gut abtropfen lassen.
2. Heizen Sie Ihren Backofen auf 200 Grad Celsius Ober- und Unterhitze vor.
3. Schälen Sie den Knoblauch und würfeln Sie ihn fein. Mischen Sie nun den Knoblauch nun zusammen mit den Schnittlauchröllchen unter die Quinoa-Flocken. Geben Sie das Olivenöl und den Zitronensaft hinzu und schmecken Sie alles mit Pfeffer, den Chiliflocken sowie einer Prise Salz ab.
4. Verteilen Sie den Romanesco mit Topinambur in die Gratin-Form und verteilen Sie die Quinoa-Flocken darüber. Im Ofen eine Viertelstunde lang backen.

111. Green-Power Gratin

Kalorien: 405 kcal | Fett: 26 g | Kohlenhydrate: 22 g | Eiweiß: 18 g

Zubereitungszeit: 45 min
Portionen: 2
Schwierigkeit: leicht

Zutaten:
- 120 ml Soja Sahne
- 200 g Bio-Brokkoli
- 1 TL geriebener Meerrettich
- 4 EL gehackte Mandeln
- 2 festkochende Bio-Kartoffeln
- 1 EL getrockneter Oregano
- 1 Prise Salz
- 1 Prise Pfeffer
- ½ TL Muskatnuss

Zubereitung:
1. Für den Auflauf zuerst die Kartoffeln schälen und in Würfel schneiden. Den Brokkoli als nächstes waschen und in Röschen schneiden.
2. Fetten Sie eine Auflaufform mit veganer Margarine oder Olivenöl ein. Geben Sie die Kartoffeln und den Brokkoli hinzu.
3. Für die Sauce nun die Soja Sahne mit dem Oregano, der Muskatnuss, dem Salz und dem Pfeffer vermengen und über die Kartoffel-Brokkoli-Mischung geben.
4. Geben Sie noch die gehackten Mandeln und den Meerrettich darüber und backen alles bei 170 Grad für 25-30 Minuten.
5. Das Gratin zum Schluss herausnehmen, auskühlen lassen und genießen.

112. Pilz-Tofu-Quiche

Kalorien: 405 kcal | Fett: 31 g | Kohlenhydrate: 31 g | Eiweiß: 11 g

Zubereitungszeit: 35 min
Portionen: 2
Schwierigkeit: Leicht

Zutaten:
- 200 g Räuchertofu
- 1 Bio-Zwiebel
- 400 g Pfifferlinge
- 400 ml Soja Sahne
- 2 EL Speisestärke
- 2 EL Haferflocken
- 2 EL Olivenöl
- ½ TL Meersalz
- 250 g Dinkelmehl + 2 EL Dinkelmehl
- 150 g vegane Margarine
- 1 Prise Pfeffer

Zubereitung:
1. Vermengen Sie in einer Rührschüssel 250 g Dinkelmehl mit 3 EL Wasser, dem Salz und der Margarine. Kneten Sie aus all diesen Zutaten einen Teig.
2. Eine Springform einfetten und den Teig dort hineingeben. Mit Frischhaltefolie zudecken und für 30 Minuten im Kühlschrank stehen lassen.
3. Schneiden Sie in der Zwischenzeit den Tofu klein. Die Zwiebel und den Knoblauch schälen und klein hacken. Die Pilze waschen und ebenfalls klein schneiden.
4. In einer Pfanne das Olivenöl erhitzen und Zwiebeln, Knoblauch, Tofu und Pfifferlinge anbraten. Geben Sie die Sahne, die Speisestärke, die Haferflocken und 2 EL Dinkelmehl hinzu. Alles mit Pfeffer würzen und abschmecken.
5. Füllen Sie die Pilzmischung anschließend auf den Teig und lassen alles bei 200 Grad für 40-45 Minuten backen.
6. Anschließend herausnehmen und servieren.

113. Herbstlicher Kürbis-Auflauf

Kalorien: 760 kcal | Fett: 27 g | Kohlenhydrate: 93 g | Eiweiß: 26 g

Zubereitungszeit: 45 min
Portionen: 2
Schwierigkeit: Leicht

Zutaten:
- 4 EL Rapsöl
- 500 g Bio-Hokkaido-Kürbis
- 100 g Soja Käse
- 1 TL Zimt
- 250 g grüne Bohnen (Glas)
- 1 Zwiebel
- 2 EL Bio-Ahornsirup
- 1 Bio-Limette
- 2 EL Apfelessig
- Salz, Pfeffer

Zubereitung:
1. Pressen Sie in einem ersten Schritt die Limette aus. Die Zwiebel schälen und klein hacken.
2. Vermengen Sie nun in einer Schüssel 2 EL Rapsöl mit dem Limettensaft und der Zwiebel. Alles mit 1 Prise Pfeffer und 1 Prise Salz würzen und kurz ziehen lassen.
3. Schneiden Sie als nächstes den Kürbis in Würfel und vermengen ihn mit dem Ahornsirup, dem Zimt und dem restlichen Öl. Pfeffern und Salzen und für 15 Minuten ziehen lassen. Legen Sie den Kürbis nun in eine eingefettete Auflaufform. Für 35 Minuten bei 180 Grad backen.
4. Tropfen Sie als nächstes die Bohnen gut ab. Vermengen Sie diese anschließend mit der restlichen Ölmischung.
5. Zum Schluss den Kürbis auf Tellern verteilen und den Käse darüber streuen und servieren.

114. Spinat-Lasagne mit Kürbis

Kalorien: 315 kcal | Fett:1 2 g | Kohlenhydrate: 27 g | Eiweiß: 15 g

Zubereitungszeit: **40 min**
Portionen: **4**
Schwierigkeit: **leicht**

Zutaten:
- 600 g Bio-Spinat
- 300 g Dinkelmehl
- Etwas Kurkumapulver
- 800 g Butternutkürbis
- Etwas Meersalz
- Etwas Rohrohrzucker

Zubereitung:

1. In einem ersten Schritt den Kürbis sehr klein schneiden und ihn anschließend in kochendes Wasser legen. Kurkuma zusammen mit 1 Prise Zucker hinzugeben und mitkochen lassen.

2. Waschen Sie nun den Spinat und garen diesen in einem zweiten Topf mit Wasser. Zerstampfen Sie anschließend den Kartoffelbrei und den Spinat.

3. Geben Sie nun 175 ml Wasser zum Mehl hinzu und kneten daraus einen Teig. Geben Sie noch etwas Wasser oder Mehl hinzu, bis der Teig nicht mehr klebt. Formen Sie nun Lasagneplatten mit einer Nudelmaschine oder mit dem Nudelholz, rollen und schneiden diese aus.

4. In eine Auflaufform nun schichtweise die Lasagneplatten, Spinat und Kürbis hineingeben und für 30-45 Minuten bei 200 Grad backen.

115. Auberginen Auflauf „Italia"

Kalorien: 475 kcal | Fett: 33 g | Kohlenhydrate: 19 g | Eiweiß: 20 g

Zubereitungszeit: **45 min**
Portionen: **2**
Schwierigkeit: **Leicht**

Zutaten:
- 2 Auberginen
- 2 vegane Mozzarella (Mozzarisella)
- 400 g stückige Tomaten (Dose)
- 1 Prise Pfeffer
- 1 Bio-Knoblauchzehe
- 1 Prise Salz
- 1 TL Bio-Ahornsirup
- 1 EL Basilikum
- 2 Olivenöl

Zubereitung:
1. In einem ersten Schritt die Auberginen waschen und in Scheiben schneiden. Ein Backblech mit Backpapier auslegen und die Auberginen darauf legen. Geben Sie 1 EL Öl, Pfeffer und Salz über die Auberginen. In den Backofen schieben und für 12 Minuten bei 220 Grad backen.

2. Schälen Sie in der Zwischenzeit den Knoblauch und hacken diesen klein. In einem Topf das übrige Öl erhitzen und den Knoblauch darin andünsten. Geben Sie die stückigen Tomaten und das Basilikum hinzu und vermischen alles gründlich. Vermengen Sie nun noch 120 ml Wasser mit dem Ahornsirup und mischen dies unter den Auflauf. Pfeffer und Salz hinzugeben und für 17 Minuten köcheln lassen.

3. Verringern Sie nun die Backofen-Temperatur auf 200 Grad. Den veganen Mozzarella in Scheiben schneiden. Eine Auflaufform einfetten und den veganen Mozzarella zusammen mit den Auberginen abwechselnd hineingeben. Die Sauce darüber geben und für 18 Minuten backen.

4. Anschließend den Auflauf herausnehmen und servieren.

116. Überbackene Zucchini

Kalorien: 220 kcal | Fett: 8 g | Kohlenhydrate: 17 g | Eiweiß: 7 g

Zubereitungszeit: 30 min
Portionen: 4
Schwierigkeit: leicht

Zutaten:
- 200 g Bulgur
- 4 Knoblauchzehen
- 2 Bio-Zucchini
- 400 g Zwiebeln
- 800 g Tomaten aus der Dose
- 6 EL Olivenöl
- Pfeffer
- Kräutersalz

Zubereitung:

1. Zuerst den Knoblauch und die Zwiebeln schälen und würfeln. In einer Pfanne 1 EL Olivenöl erhitzen und die Knoblauch- und Zwiebelwürfel andünsten. Anschließend herausnehmen und zur Seite stellen.

2. Geben Sie nun 220 ml Wasser in die Pfanne und kochen den Bulgur darin für 2 Minuten auf. Anschließend vom Herd nehmen und 10 Minuten quellen lassen. Geben Sie die Knoblauch- und Zwiebelwürfel hinzu.

3. Waschen Sie die Zucchini und halbieren diese. Höhlen Sie das Fruchtfleisch heraus und befüllen die Zucchini mit der Zwiebel-Knoblauch-Mischung. Jede Hälfte mit noch ½ EL Olivenöl beträufeln und salzen und pfeffern. Geben Sie 1 EL Olivenöl in die Pfanne. Nach und nach die Tomaten und 50 ml Wasser hinzugeben. Mit Salz abschmecken und die Zucchini damit bestreichen. Geben Sie die Zucchini nun in die Pfanne und garen sie für 25 Minuten bei geschlossenem Deckel.

4. Zum Schluss den Ofen auf 180 Grad aufheizen und die Zucchini auf ein Backblech legen und für 10 Minuten backen.

117. Veggie-Strudel mit Tomaten

Kalorien: 360 kcal | Fett: 26 g | Kohlenhydrate: 16 g | Eiweiß: 14 g

Zubereitungszeit: 30 min
Portionen: 4
Schwierigkeit: leicht

Zutaten:
- Etwas Gemüsebrühe zum Ablöschen
- 2 Blätterteig-Rollen
- 2 Bio-Zwiebeln
- 16 getrocknete Tomaten
- 2 Handvoll Walnüsse
- 2 Zwiebeln
- Etwas Olivenöl
- 4 Knoblauchzehen
- 400 g Bio-Blattspinat
- Pfeffer, Salz

Zubereitung:
1. Schälen Sie zuerst 2 Knoblauchzehen und hacken diese klein. Die Walnüsse ebenfalls etwas klein hacken. Geben Sie die Tomaten zusammen mit den Walnüssen und dem Knoblauch in einen Multi-Zerkleinerer. Fügen Sie noch 1-2 EL Olivenöl hinzu und stellen Sie ein Pesto her. Mit Pfeffer und Salz würzen.
2. Schälen Sie die Zwiebel und den übrigen Knoblauch und schneiden beides in Würfel. Geben Sie in eine Pfanne 2 EL Olivenöl und dünsten darin die Knoblauch- und Zwiebelwürfel an. Alles mit Brühe ablöschen.
3. Waschen Sie den Spinat und geben ihn in die Pfanne und lassen ihn kurz andünsten, bis er zusammenfällt. Alles mit Pfeffer und Salz würzen.
4. Legen Sie den Blätterteig auf ein Backblech und verteilen das Tomaten Pesto darüber. Die Spinat-Mischung darauf verteilen und den Strudel einrollen. Mit dem Schluss so hinlegen, dass dieser unten ist und zusammen bleiben kann.
5. Bestreichen Sie den Strudel mit etwas Wasser und backen den Blätterteig bei 200 Grad für 20 Minuten.

118. Pilz-Auflauf mit frischen Kartoffeln

Kalorien: 240 kcal | Fett: 9 g | Kohlenhydrate: 30 g | Eiweiß: 9 g

Zubereitungszeit: 20 min
Portionen: 2
Schwierigkeit: leicht

Zutaten:
- 1 Knoblauchzehe
- 150 ml Gemüsebrühe
- 1 EL Olivenöl
- 250 g Bio-Champignons
- 425 g festkochende Kartoffeln
- ½ Bio-Zwiebel
- Pfeffer, Salz
- ½ EL Rapsöl für die Form
- 1 EL gehackte Petersilie

Zubereitung:
1. Schälen Sie zuerst die Kartoffeln. In Scheiben schneiden und für 4 Minuten in kochendem Wasser köcheln lassen. Abgießen und kurz zur Seite stellen.
2. Widmen Sie sich nun den Pilzen. Die Champignons waschen und in Scheiben schneiden. Den Knoblauch und die Zwiebel schälen und würfeln.
3. Erhitzen Sie in einer Pfanne das Olivenöl und dünsten darin den Knoblauch und die Zwiebel an. Die Pilze hinzugeben und anbraten. Würzen Sie alles mit etwas Pfeffer und Salz.
4. Geben Sie nun die Hälfte der Kartoffeln in eine gefettete Auflaufform und verteilen die Champignons darüber. Die restlichen Kartoffeln in die Form geben und alles mit der Brühe übergießen. Noch die Petersilie als Garnitur darüber und im Ofen für 35-40 Minuten bei 160 Grad backen.
5. Den Auflauf herausnehmen und genießen!

119. Überbackener Blumenkohl

Kalorien: 190 kcal | Fett: 3 g | Kohlenhydrate: 36 g | Eiweiß: 11 g

Zubereitungszeit: 20 min
Portionen: 2
Schwierigkeit: leicht

Zutaten:
- 200 g Mais (Glas)
- 1 EL Hefeflocken
- 1 Blumenkohl
- 2 EL Bio-Sojadrink
- Pfeffer, Salz
- 1 Prise Currypulver
- 1 Prise Muskatnuss
- Etwas Rapsöl für die Form

Zubereitung:
1. Zuerst den Blumenkohl waschen und in Röschen schneiden.
2. In einem Topf etwas Salzwasser erhitzen und den Kohl darin für 10 Minuten blanchieren.
3. Gießen Sie den Blumenkohl ab und stellen ihn kurz zur Seite. Den Mais in einem Sieb abspülen und abtropfen lassen.
4. Geben Sie den Sojadrink und den Mais zusammen mit den Hefeflocken in einen Rührbecher und pürieren alles zu einer Sauce. Curry, Muskat, Salz und Pfeffer darüber streuen und abschmecken.
5. Fetten Sie eine Auflaufform ein und geben den Blumenkohl mit der Maiscreme hinein. Alles für 15 Minuten bei 180 Grad goldbraun backen. Guten Appetit!

120. Sweet-Apple-Gratin

Kalorien: 505 kcal | Fett: 28 g | Kohlenhydrate: 58 g | Eiweiß: 7 g

Zubereitungszeit: 20 min
Portionen: 4
Schwierigkeit: leicht

Zutaten:
- 1 TL Zimtpulver
- 75 g vegane Margarine
- 100 g Dinkelmehl
- 25 g gemahlene Haselnüsse
- 2 Bio-Äpfel
- 80 g Rohrohrzucker
- 1 EL Cranberrys
- 40 g gehackte Bio-Walnüsse

Zubereitung:
1. Fetten Sie zuerst mit 5 g Margarine 4 Förmchen aus.
2. Vermengen Sie nun in einer Rührschüssel das Mehl mit dem Zimt und dem Zucker. Die vegane Margarine schmelzen und unter den Teig mischen. Kneten Sie alles gründlich durch, sodass Brösel entstehen.
3. Schälen, entkernen und schneiden Sie die Äpfel klein. Verteilen Sie diese anschließend in die Förmchen. Die gehackten Walnüsse und die Cranberrys darüber geben. Die Streusel darauf verteilen und im Ofen für 20 Minuten bei 180 Grad backen.
4. Die Mini-Gratins herausnehmen und etwas auskühlen lassen. Guten Appetit!

Tipp: Für ein winterliches Aroma können Sie noch etwas Lebkuchengewürz hinzugeben.

Suppen

Köstliche Suppen sind nicht nur in der kalten Jahreszeit ein absolutes Muss. Eine Suppe gibt ausreichend Energie und Kraft für den Tag. Vegane Suppen sind sehr geschmackvoll – auch ohne jegliche tierischen Zusätze und sorgen für jede Menge Abwechslung auf Ihrem Speiseplan.
Überzeugen Sie sich selbst von wärmenden und cremigen sowie rein pflanzlichen Suppen.

Für Cremesuppen können Sie beispielsweise ein Nuss-Mus Ihrer Wahl mit ein wenig Wasser verdünnen und in die Suppe einrühren. Auf diese Weise wird sie schön dickflüssig.
Ein Spritzer Zitrone oder ein wenig Kokosmilch pusht den Geschmack.

Lassen Sie es sich schmecken!

121. Kokos-Brokkoli Suppe

Kalorien: 405 kcal | Fett: 31 g | Kohlenhydrate: 15 g | Eiweiß: 12 g

Zubereitungszeit: 30 min
Portionen: 2
Schwierigkeit: leicht

Zutaten:

- 1 kleine Bio-Küchenzwiebel
- 1 Stückchen Ingwer – ca. 3 cm
- 1 Bio-Knoblauchzehe
- 250 g Brokkoli-Röschen
- 1 EL Kokosöl
- 400 ml Gemüsebrühe
- 100 g Bio-Erbsen (TK)
- 10 Stangen Koriandergrün
- 200 ml Bio-Kokosmilch aus der Dose
- 2 EL geröstete & gesalzene Cashewkerne
- 2 TL Saft einer unbehandelten Bio-Limette
- Pfeffer, Meersalz

Zubereitung:

1. Zunächst einmal den Brokkoli putzen, waschen und in Röschen teilen. Dann die Stiele schälen und grob würfeln. Dann die Küchenzwiebel, den Ingwer und die Knoblauchzehe schälen und ebenfalls klein würfeln. Nun auch den Koriander waschen, die Blätter zupfen und die Stiele kleinschneiden.

2. Geben Sie nun das Kokosöl in einen Topf und erhitzen Sie es. Dünsten Sie darin rund 4 Minuten die Ingwer-, Knoblauch- und Zwiebelwürfel an. Geben Sie dann die Brokkoli-Röschen, die Korianderstiele und die Erbsen hinzu. Dünsten Sie alles ca. 5 Minuten mit an.

3. Gießen Sie nun die Kokosmilch sowie die Gemüsebrühe hinzu und schmecken Sie alles mit Pfeffer und Salz ab. Lassen Sie alles nochmal zugedeckt aufkochen und garen Sie es eine Viertelstunde lang.

4. Hacken Sie nun die Cashewkerne. Mixen Sie die Suppe mit dem Pürierstab fein durch und schmecken Sie alles mit dem Saft der Limette ab. Richten Sie die Suppe an und garnieren Sie sie mit dem Cashew-Chili-Mix.

122. Kalte Avocado-Suppe für heiße Tage

Kalorien: 385 kcal | Fett: 35 g | Kohlenhydrate: 9 g | Eiweiß: 8 g

Zubereitungszeit: 15 min
Portionen: 2
Schwierigkeit: leicht

Zutaten:
- 1 Bio-Salatgurke
- 2 EL Sesamsamen
- 2 Frühlingszwiebeln
- 1 reife, mittelgroße Avocado
- 1,5 TL Saft einer Bio-Limette
- 2 EL Sojagurt
- 1 TL gemahlener Kreuzkümmel
- ½ TL Chiliflocken
- Salz, Pfeffer
- 2 EL Gartenkresse

Zubereitung:
1. Rösten Sie die Sesam-Samen in einer Pfanne goldbraun an. Danach vom Herd nehmen und gut abkühlen lassen. Nun die Salatgurke waschen, putzen und grob stückeln. Auch die Frühlingszwiebeln waschen, putzen und in ganz feine Röllchen schneiden.
2. Halbieren Sie nun die Avocado, entfernen Sie den Kern und lösen Sie mithilfe eines Löffels das Fruchtfleisch aus der Schale. Vermischen Sie das Avocado-Fruchtfleisch mit dem Saft der Bio-Limette. Geben Sie alles nun in einen Hochleistungsmixer.
3. Nun die Gurkenstücke und die Zwiebel-Röllchen zusammen mit dem Sojagurt, dem Kreuzkümmel, den Chiliflocken sowie einer Prise Salz in den Mixer hinzugeben. Fügen Sie nun noch 1bis 2 Eiswürfel sowie 200 ml kaltes Wasser hinzu.
4. Pürieren Sie alles zu einer fein cremigen Suppe. Wenn Sie die Suppe nicht zu dick-cremig möchten, können Sie einfach noch Wasser hinzugeben.
5. Richten Sie nun die Suppe an und garnieren Sie sie mit der frischen Gartenkresse sowie den gerösteten Sesamsamen.

123. Kürbissuppe mit Sanddorn

Kalorien: 415 kcal | Fett: 25 g | Kohlenhydrate: 50 g | Eiweiß: 7 g

Zubereitungszeit: 25 min
Portionen: 2
Schwierigkeit: leicht

Zutaten:
- 600 g Bio-Hokkaido Kürbis
- 1 Ingwerstückchen – 2 cm
- 1 EL Olivenöl
- Kräutersalz
- 1 klein gewürfelte rote Küchenzwiebel
- 200 g Sojasahne
- 2 TL Bio-Ahornsirup
- Cayenne-Pfeffer nach Belieben
- 50 ml Sanddornsaft

Zubereitung:
1. Den Kürbis waschen, putzen und kleinschneiden. Den Ingwer schälen, ganz fein würfeln und zusammen mit den Zwiebelwürfelchen in einem Topf mit dem Olivenöl andünsten.
2. Geben Sie nun den Kürbis hinzu und dünsten Sie ihn 15 Minuten mit an.
3. Fügen Sie nun 400 ml Wasser zum Kürbis hinzu, würzen Sie mit Kräutersalz und lassen Sie alles einmal aufkochen. Bei geringer Hitzezufuhr nun 10 Minuten köcheln.
4. Geben Sie nun die Sojasahne, den Sanddornsaft sowie den Ahornsirup hinzu. Alles mit dem Pürierstab kräftig durchmixen. Nach Belieben zum Schluss noch mit dem Cayenne-Pfeffer würzen.

Die Suppe auf Schälchen verteilen und genießen.

Tipp: Kürbis ist ein echtes Powerfood in der veganen Ernährung. Es liefert Ihnen wertvolles Kalium, Magnesium, Eisen und auch Kalzium! Gleichzeitig punktet das Gemüse mit sättigenden Ballaststoffen.

Mehr zu wertvollen und vitaminreichen Powerfoods erfahren Sie in unserem kostenlosen eBook-Ratgeber! Dort erfahren Sie, welche Vitamine und Nahrungsmittel für Ihre Gesunderhaltung unverzichtbar wichtig sind. Lesen Sie dazu unser Kapitel „Ihr kostenloses Geschenk!" am Anfang dieses Buches.

124. Sellerie-Karotten Suppe

Kalorien: 210 kcal | Fett: 5 g | Kohlenhydrate: 28 g | Eiweiß: 9 g

Zubereitungszeit: 25 min
Portionen: 2
Schwierigkeit: leicht

Zutaten:

- 500 ml Gemüsebrühe
- 2 Bio-Karotten
- 1 TL Olivenöl
- 1 TL Kurkumapulver
- Salz, Pfeffer
- 1 Chilischote
- 1 TL Petersilie
- 30 g gewürfelte rote Küchenzwiebel
- 1 Bio-Knoblauchzehe
- 30 g Stangensellerie
- 1 TL Currypulver
- 50 g rote Linsen

Zubereitung:

1. Zunächst einmal die Karotten schälen und fein würfeln. Ebenso die Zwiebel schälen und hacken. Nun das Olivenöl in einem Topf erhitzen und darin die Karottenwürfel, die Zwiebeln, den gewürfelten Stangensellerie und die fein gehackte Knoblauchzehe dünsten.

2. Geben Sie nun das Kurkumapulver, die gehackte Chilischote, die fein gehackte Petersilie sowie das Currypulver hinzu. Alles 5 Minuten weiterköcheln lassen. Löschen Sie nun alles mit der Gemüsebrühe ab und fügen Sie die roten Linsen hinzu. Lassen Sie alles bei schwacher Hitze rund 30 Minuten lang köcheln.

3. Sobald die Linsen weich sind, die Suppe vom Herd nehmen. Geben Sie nun noch einen Spritzer Olivenöl hinzu und richten Sie alles auf Tellern an.

125. Grünkohl-Suppe mit Nuss-Note

Kalorien: 345 kcal | Fett: 15 g | Kohlenhydrate: 39 g | Eiweiß: 10 g

Zubereitungszeit: 30 min
Portionen: 2
Schwierigkeit: leicht

Zutaten:
- 75 g Bohnen aus der Dose
- 1 große rote Zwiebel
- 500 ml Gemüsebrühe
- 30 g Staudensellerie
- 1 TL getrockneter Thymian
- 1 Bio-Knoblauchzehe
- 2 TL Olivenöl
- 6 Stk. gehackte Bio-Walnusskerne
- 50 g gehackten Grünkohl

Zubereitung:

1. Lassen Sie in einem ersten Schritt die Bohnen aus der Dose abtropfen. Dann die Küchenzwiebel schälen und in feine Würfel schneiden. Auch den Staudensellerie putzen und in Scheiben schneiden.

2. Geben Sie nun 1 TL des Olivenöls in einen Topf und dünsten Sie darin den Staudensellerie mit dem Knoblauch sowie die Zwiebelwürfel an. Nun schrittweise die Bohnen, den getrockneten Thymian sowie die Gemüsebrühe hinzufügen und alles für 25 Minuten köcheln lassen. Mischen Sie anschließend die gehackten Grünkohlblätter hinzu und lassen Sie alles noch 10 Minuten lang köcheln.

3. Nun alle Zutaten mit einem Pürierstab zu einer cremigen Suppe zerkleinern. Falls die Konsistenz der Suppe zu dickflüssig sein sollte, kann noch ein wenig Wasser hinzugegeben werden. Zwischenzeitlich können Sie die Walnusskerne in einer Pfanne fettfrei rösten. Garnieren Sie damit die fertige Suppe und rühren Sie zum Schluss noch das restliche Olivenöl ein.

4. Verteilen Sie die Suppe auf Tellern und genießen Sie Löffel für Löffel Ihre vegane Suppe.

126. Vegane Pilzsuppe

Kalorien: 460 kcal | Fett: 29 g | Kohlenhydrate: 33 g | Eiweiß: 31 g

Zubereitungszeit: 15 min
Portionen: 2
Schwierigkeit: leicht

Zutaten:
- 120 g Miso Paste
- 1 l Gemüsebrühe
- 10 g getrocknete Wakame-Algen
- 2 Frühlingszwiebeln
- 200 g Shiitake-Pilze
- 400 g gewürfelter Tofu
- 1 gehackte Chilischote

Zubereitung:
1. Die getrockneten Wakame-Algen zehn Minuten in warmes Wasser einweichen und anschließend abgießen. Nun die beiden Frühlingszwiebeln putzen, waschen und in feine Röllchen schneiden.
2. Kochen Sie anschließend in einem Suppentopf die Gemüsebrühe auf und geben Sie die Pilze hinzu: Lassen Sie alles rund 2 Minuten lang köcheln.
3. Vermischen Sie nun die Miso Paste mit ein wenig warmer Brühe und geben Sie diese zur Suppe. Nun noch den Tofu zur restlichen Brühe hinzugeben, doch achten Sie bitte unbedingt darauf, dass die Suppe nicht mehr kocht!
4. Die abgetropften Wakame-Algen nun mit der gehackten Chilischote sowie den Frühlingszwiebeln zur Suppe hinzugeben und alles servieren.

Tipp: Pilze versorgen Sie im Rahmen Ihrer veganen Ernährung mit wertvollem pflanzlichem Protein. Mehr zu den Hauptnährstoffen unserer täglichen Ernährung erfahren Sie in unserem kostenlosen eBook-Ratgeber zum Thema „Gesunde Ernährung". Lesen Sie dazu unser Kapitel „Ihr kostenloses Geschenk!" am Anfang dieses Buches.

127. Gemüsesuppe „Vegan-Power"

Kalorien: 250 kcal | Fett: 7 g | Kohlenhydrate: 33 g | Eiweiß: 8 g

Zubereitungszeit: 30 min
Portionen: 2
Schwierigkeit: leicht

Zutaten:
- 1 Lauchstange
- 1 rote Küchenzwiebel
- 1 Bio-Karotte
- 1 EL Olivenöl
- 3 EL Soja-Soße
- 1 Bund frische Petersilie
- 60 g Buchweizen
- Prise Meersalz, Pfeffer
- 600 ml Gemüsebrühe

Zubereitung:
1. Schälen Sie zunächst einmal die rote Küchenzwiebel und schneiden Sie diese in Würfel. Dann den Lauch waschen, putzen, und in Ringe schneiden.
2. Nun die Karotte schälen und ebenfalls kleinschneiden.
3. Erhitzen Sie nun in einem großen Topf das Olivenöl und dünsten Sie darin die Lauchringe, die Zwiebelwürfel sowie die Karottenstückchen an. Lassen Sie alles ungefähr 5 Minuten lang köcheln.
4. Geben Sie dann den Buchweizen hinzu und löschen Sie alles mit der Gemüsebrühe ab. Lassen Sie die Suppe nun zugedeckt bei niedriger Hitzezufuhr 20 Minuten lang köcheln.
5. Waschen Sie in der Zwischenzeit die frische Petersilie und hacken Sie diese klein.
6. Zum Schluss die Soja-Soße zur Suppe hinzugeben und alles mit Pfeffer und Meersalz abschmecken. Die Suppe in Schälchen füllen und mit der frischen Petersilie garnieren. Lassen Sie es sich schmecken!

128. Brokkoli-Suppe „Bella Italia"

Kalorien: 275 kcal | Fett: 20 g | Kohlenhydrate: 14 g | Eiweiß: 11 g

Zubereitungszeit: 35 min
Portionen: 2
Schwierigkeit: leicht

Zutaten:
- 1 TL getrockneter und gehackter Thymian
- 80 g weiße Bohnen (Dose)
- 200 g Brokkoli-Röschen
- 1 kleine Bio-Küchenzwiebel
- 600 ml Gemüsebrühe
- 2 TL natives Olivenöl
- 1 Knoblauchzehe
- 20 g Staudensellerie
- 4 Basilikumblätter

Zubereitung:
1. Zunächst einmal den Brokkoli putzen, waschen und in Röschen teilen. Dann die Staudensellerie-Blätter abzupfen und klein hacken. Schälen Sie nun noch die Küchenzwiebel wie auch die Knoblauchzehe und schneiden Sie beides in ganz feine Würfelchen.
2. Erhitzen Sie nun das Olivenöl in einem Topf. Dünsten Sie darin die Zwiebel-, die Knoblauchwürfelchen sowie die Brokkoli-Röschen an.
3. Geben Sie nun die Gemüsebrühe und die abgetropften weißen Bohnen hinzu: Lassen Sie alles 30 Minuten bei schwacher Hitzezufuhr köcheln und pürieren Sie sie anschließend mit dem Stabmixer fein durch.
4. Geben Sie nun noch den Thymian und die gehackten Staudensellerie-Blätter in die Suppe hinein.
5. Richten Sie nun die Suppe auf Tellern an und garnieren Sie sie mit den Basilikumblättern.

Tipp: Brokkoli ist ein wahrer Superheld unter den Gemüsesorten: Er steckt voller wertvoller Vitalstoffe, die Ihren Körper gesund erhalten.

129. Würzig-scharfe Linsen Suppe

Kalorien: 475 kcal | Fett: 18 g | Kohlenhydrate: 54 g | Eiweiß: 19 g

Zubereitungszeit: 15 min
Portionen: 2
Schwierigkeit: leicht

Zutaten:
- 500 ml Gemüsebrühe
- 1 TL natives Olivenöl
- 1 TL Currypulver
- 1 rote Küchenzwiebel
- 1 TL Kurkumapulver
- 30 g gewürfelter Stangensellerie
- 1 Chilischote
- 30 g Bio-Möhren
- 50 g rote Linsen
- 1 EL gehackte Petersilie
- 1 gehackte Knoblauchzehe

Zubereitung:
1. Schälen Sie zunächst einmal die Küchenzwiebel und schneiden Sie diese in feine Würfel. Nun die Möhren schälen, waschen und ebenfalls fein würfeln.
2. Erhitzen Sie nun in einem Suppentopf das Olivenöl und dünsten Sie darin die Möhren, die Zwiebelwürfel und den gewürfelten Stangensellerie an. Schneiden Sie nun die Chilischote der Länge nach auf, entfernen Sie die Kerne und würfeln Sie diese ganz fein. Geben Sie diese nun gemeinsam mit dem Curry- sowie dem Kurkumapulver in den Suppentopf mit hinein.
3. Löschen Sie nun alles mit der Gemüsebrühe ab.
4. Geben Sie dann die roten Linsen hinzu und lassen Sie die Suppe eine halbe Stunde lang köcheln.
5. Richten Sie nun die Suppe in Schälchen an und garnieren Sie sie mit der fein gehackten Petersilie.

130. Japanische Pak Choi Suppe

Kalorien: 150 kcal | Fett: 8 g | Kohlenhydrate: 12 g | Eiweiß: 7 g

Zubereitungszeit: 15 min
Portionen: 4
Schwierigkeit: leicht

Zutaten:
- 2 kleine Köpfe Pak Choi (alternativ: 300 g Mangold)
- 2 EL Bio-Ahornsirup
- 4 EL Miso-Paste
- 2 EL Sesamöl
- 2 EL Sojasoße
- 300 g Seidentofu
- Meersalz

Zubereitung:
1. Putzen und waschen Sie den Pak Choi. Schneiden Sie dann die Stängel in ca. 2 cm breite Stückchen und hacken Sie die Blätter schön fein. Geben Sie die Stängel zusammen mit dem Ahornsirup nun in einen Topf und gießen Sie ein wenig Salzwasser hinzu: Alles 3 Minuten lang köcheln lassen.

   Anschließend das Wasser abgießen.

2. Erhitzen Sie nun in einem Suppentopf 800 ml Wasser. Rühren Sie mithilfe eines Rührbesens die Miso-Paste hinein und legen Sie die Pak Choi Blätter ein. Zuletzt noch das Sesamöl sowie die Sojasoße einrühren. Einmal kurz aufkochen lassen.

3. Schneiden Sie nun ganz vorsichtig den Seidentofu in Würfel und verteilen Sie diese auf vier Suppenschälchen. Füllen Sie mit der Miso-Suppe auf und garnieren Sie zum Schluss mit den Pak Choi Stängeln.

131. Rote Linsensuppe

Kalorien: 280 kcal | Fett: 9 g | Kohlenhydrate: 32 g | Eiweiß: 15 g

Zubereitungszeit: 25 min
Portionen: 4
Schwierigkeit: leicht

Zutaten:

- 1 l Gemüsebrühe
- ½ TL Chilipulver
- 200 g rote Linsen
- 8 Grünkohl-Stängel (alternativ: 50 g TK-Grünkohl)
- 3 EL Olivenöl
- 10 g Glasnudeln
- Meersalz

Zubereitung:

1. Geben Sie die roten Linsen zusammen mit der Gemüsebrühe in einen Topf und kochen Sie alles kurz auf. Rühren Sie nun das Chilipulver unter. Garen Sie die Linsen zudeckt – bei geringer Hitzezufuhr – rund 20 Minuten lang, bis sie schön weich sind.

2. Putzen Sie nun zwischenzeitlich den Grünkohl und waschen Sie ihn. Entfernen Sie den harten Strunk und zupfen Sie die Blättchen ganz fein.

3. Pürieren Sie am Ende der Garzeit die roten Linsen mit dem Pürierstab schön glatt und schmecken Sie alles nach Belieben mit Meersalz ab. Fügen Sie nun die Grünkohlblättchen hinzu und lassen Sie die Suppe weitere 4 bis 5 Minuten bei geringer Temperatur köcheln.

4. Erhitzen Sie nun in einer großen Pfanne das Olivenöl und frittieren Sie darin einige Sekunden die Glasnudeln, bis sie aufgehen.

5. Verteilen Sie die Suppe nun auf Tellern und servieren Sie sie garniert mit den Glasnudeln.

132. Fruchtige Kürbissuppe

Kalorien: 180 kcal | Fett: 9 g | Kohlenhydrate: 21 g | Eiweiß: 4 g

Zubereitungszeit: 30 min
Portionen: 4
Schwierigkeit: leicht

Zutaten:
- 1 Bio-Schalotte
- 1 kg Butternut-Kürbis
- 2 große Orangen
- 3 EL Olivenöl
- 750 ml Gemüsebrühe
- ¼ TL frisch geriebene Muskatnuss
- Pfeffer, Salz

Zubereitung:

1. Vierteln und schälen Sie erst einmal den Kürbis. Entfernen Sie Kerne und Fasern und groben Sie dann das Fruchtfleisch grob. Schälen Sie nun die Schalotte und hacken Sie diese fein.

2. Halbieren Sie die beiden Orangen und pressen Sie den Saft aus.

3. Erhitzen Sie nun in einem großen Topf das Olivenöl und dünsten Sie darin bei geringer Hitzezufuhr die Schalotten-Würfel 5 Minuten glasig an. Fügen Sie dann die Kürbiswürfel sowie den Orangensaft hinzu und fügen Sie die Gemüsebrühe hinzu. Lassen Sie alles einmal aufkochen und würzen Sie nach Ihrem Geschmack mit Pfeffer und Salz.

4. Lassen Sie die Suppe zudeckt 20 Minuten lang köcheln, bis die Kürbiswürfel schön weich sind.

5. Schmecken Sie anschließend die Suppe mit der geriebenen Muskatnuss ab und pürieren Sie alles mit dem Stabmixer schön glatt. Sie können die Suppe heiß oder auf Raumtemperatur abgekühlt servieren.

Tipp: Durch die Orangen erhält Ihre Suppe die volle Vitamin-C-Power. Dieser Mikronährstoff ist nicht nur im Rahmen der veganen Ernährung sehr wichtig für Ihren Organismus. Mehr zu den einzelnen Mikronährstoffen und einer ausgewogenen Ernährung erfahren Sie in unserem kostenlosen eBook-Ratgeber: Schauen Sie dafür einmal in unser Kapitel „Ihr kostenloses Geschenk!".

133. Gazpacho – der spanische Klassiker

Kalorien: 220 kcal | Fett: 17 g | Kohlenhydrate: 12 g | Eiweiß: 5 g

Zubereitungszeit: 20 min
Portionen: 4
Schwierigkeit: leicht

Zutaten:
- 800 g reife Strauchtomaten
- 1 kleine weiße Küchenzwiebel
- 1 Bio-Knoblauchzehe
- 1 Bio-Salatgurke
- 2 rote Bio-Paprikaschoten
- 1 kleine rote Chilischote
- Pfeffer, Meersalz
- 60 ml Olivenöl
- 1 EL Sherry-Essig

Zubereitung:
1. Waschen und vierteln Sie die Tomaten und entfernen Sie die Stielansätze. Schaben Sie nun vorsichtig die Kerne heraus.
2. Schälen Sie nun die Zwiebel sowie die Knoblauchzehe und hacken Sie beides fein.
3. Schälen Sie auch die Gartengurke, halbieren Sie sie der Länge nach und entfernen Sie vorsichtig die Kerne. Hacken Sie das Fruchtfleisch und legen Sie einige Stücke für die Garnierung auf die Seite. Waschen Sie auch die Chilischote sowie die beiden Paprikaschoten, halbieren Sie diese und entfernen Sie die Trennhäutchen beziehungsweise die Kerne. Hacken Sie die Chilihälften und die Paprikaschoten grob.
4. Geben Sie nun alle vorbereiteten Zutaten in einen hohen Rührbecher und pürieren Sie mit dem Pürierstab alles schön fein. Würzen Sie nun noch mit dem Sherry-Essig, Meersalz, ein wenig Pfeffer und dem Olivenöl. Stellen Sie die kalte Tomatensuppe anschließend für rund 2 Stunden in den Kühlschrank. Verteilen Sie sie anschließend in Gläser und garnieren Sie mit den beiseitegelegten Gurkenstückchen.

134. Spargel-Lauch Suppe

Kalorien: 85 kcal | Fett: 2 g | Kohlenhydrate: 7 g | Eiweiß: 8 g

Zubereitungszeit: 25 min
Portionen: 4
Schwierigkeit: leicht

Zutaten:
- 30 g getrocknete Steinpilze
- 500 g grüner Spargel
- 1 Bund frische Petersilie
- 500 g Lauch
- 1 kleine Bio-Knoblauchzehe
- 1 l Gemüsebrühe
- Schwarzer Pfeffer, Salz

Zubereitung:
1. Weichen Sie zunächst einmal die Pilze in ein wenig warmem Wasser in einer Küchenschüssel ein.
2. Waschen Sie dann den Spargel und schneiden Sie die holzigen Enden ab. Halbieren Sie die Spargelspitzen und legen Sie diese auf die Seite. Die restlichen Spargelstangen grob hacken.
3. Waschen Sie die frische Petersilie und hacken Sie diese schön fein.
4. Putzen und waschen Sie nun den Lauch: Verwenden Sie nur den weißen sowie den hellgrünen Teil des Gemüses. Halbieren Sie die Lauchstangen der Länge nach, schneiden Sie diese in Halbringe und waschen Sie alles. Auch die Knoblauchzehe schälen und fein hacken.
5. Geben Sie nun die Gemüsebrühe in einen Topf und lassen Sie alles aufkochen. Nehmen Sie die Steinpilze aus dem Einweichwasser und hacken Sie sie schön fein. Seihen Sie nun das Pilz-Einweichwasser durch einen Kaffeefilter in die Suppe.
6. Geben Sie nun die Pilze, die Spargelstangen sowie den Lauch in die Gemüsebrühe hinein und garen Sie zugedeckt alles eine Viertelstunde lang gar.
7. Blanchieren Sie zwischenzeitlich die Spargelspitzen in ein wenig Salzwasser. Pürieren Sie nun die Suppe mit dem Stabmixer und würzen Sie mit Salz und Pfeffer. Auf Teller verteilen und mit den Spargelspitzen garnieren.

135. Indische Süßkartoffelsuppe

Kalorien: 320 kcal | Fett: 19 g | Kohlenhydrate: 28 g | Eiweiß: 5 g

Zubereitungszeit: 25 min
Portionen: 4
Schwierigkeit: leicht

Zutaten:
- 500 g Süßkartoffeln
- 1 Bio-Knoblauchzehe
- 1 Ingwerstück – 1 cm groß
- 2 EL Olivenöl
- 250 g Bio-Kokosmilch
- 500 ml Gemüsebrühe
- 1 EL Garam Masala
- Pfeffer, Salz

Zubereitung:
1. Schälen Sie die Süßkartoffeln und schneiden Sie diese in dickere Würfel. Nun die Knoblauchzehe schälen und fein hacken. Den Ingwer anschließend schälen, reiben und zusammen mit dem gehackten Knoblauch zu einer geschmeidigen Paste verrühren.
2. Erhitzen Sie nun das Olivenöl in einem Topf. Garam Masala und die Knoblauchpaste darin ungefähr 1 Minute lang erhitzen. Nun die Süßkartoffelwürfel hinzugeben und alles mit der Kokosmilch und der Gemüsebrühe ablöschen. Lassen Sie die Suppe einmal kurz aufkochen.
3. Die Süßkartoffelsuppe nun rund 10 Minuten abgedeckt bei geringer Hitzezufuhr köcheln lassen, bis die Süßkartoffeln schön weich sind.
4. Zum Schluss alles noch mit Pfeffer und Salz abschmecken und warm servieren.

Tipp: Anstelle der Süßkartoffeln können Sie natürlich auch normale festkochende Kartoffeln verwenden.

Aufstriche und Saucen

Dips, Saucen und Brotaufstriche sind sehr wertvoll im Rahmen der veganen Ernährung. Sie basieren auf Hülsenfrüchten, Nüssen, wertvollen Pflanzenfetten und diversen Gemüsesorten und bringen ordentlich Abwechslung in Ihren täglichen Ernährungsplan.

Wir zeigen Ihnen im folgenden Kapitel, wie Sie solche Aufstriche ganz unkompliziert und schnell selbst machen können. So haben Sie eine gesunde Alternative zu Frischkäse, Butter & Co.

Die Aufstriche können Sie auf Sandwiches und Brote streichen und ebenso als Dips verwenden. Wertvolle Nahrungsmittel liefern zahlreiche wertvolle Ballaststoffe und Proteine und runden somit Ihre gesunde vegane Ernährung ab.

Viele Freude beim Ausprobieren und Genießen!

136. Fruchtige Barbecue-Sauce

Kalorien: 95 kcal | Fett: 1 g | Kohlenhydrate: 18 g | Eiweiß: 2 g

Zubereitungszeit: 15 min
Portionen: 2
Schwierigkeit: leicht

Zutaten:
- 2 EL Tomatenmark
- 30 g Cornichons
- 2 EL Bio-Ahornsirup
- 150 g Mango
- 1 EL Balsamico Essig
- Etwas Meersalz
- ½ getrocknete Chilischote

Zubereitung:

1. Schälen Sie in einem ersten Schritt die Mango. Schneiden Sie das Fruchtfleisch in Stücken heraus und geben es mit 80 ml Wasser, dem Ahornsirup, dem Tomatenmark und dem Balsamico Essig in einen Topf. Die Chilischote dazugeben und erhitzen. Anschließend etwas abkühlen lassen und pürieren.

2. Pürieren Sie noch die Cornichons grob und geben sie zu dem Mango-Püree hinzu.

3. Lassen Sie alles nochmals für 5 Minuten bei mittlerer Hitze köcheln. Mit Salz abschmecken und etwas auskühlen lassen.

Tipp: Diese Sauce passt wunderbar zu gegrilltem Gemüse oder Burgern.

137. Avocado Klassiker „Guacamole"

Kalorien: 215 kcal | Fett: 21 g | Kohlenhydrate: 2 g | Eiweiß: 3 g

Zubereitungszeit: 4 min
Portionen: 15
Schwierigkeit: leicht

Zutaten:
- 1 Bio-Knoblauchzehe
- 1 Bio-Limette
- Etwas Chilipulver
- 2 reife Bio-Avocados
- 1 Frühlingszwiebel
- ½ Bund Koriandergrün
- ½ TL gemahlener Kreuzkümmel
- Pfeffer, Salz

Zubereitung:
1. Pressen Sie in einem ersten Schritt die Limette aus.
2. Halbieren und entkernen Sie die Avocado und nehmen das Fruchtfleisch mit einem Löffel heraus. Mit dem Limettensaft vermengen.
3. Schälen Sie den Knoblauch und pressen ihn zu der Avocado-Limetten-Mischung hinzu. Die Frühlingszwiebel waschen und den grünen Teil in Ringe schneiden. Den weißen Teil der Zwiebel vierteln und fein hacken. Waschen Sie das Koriandergrün und hacken die Blätter klein.
4. Zerdrücken Sie das Avocado-Fruchtfleisch mit einer Gabel und mengen alle gerade verarbeiteten Zutaten darunter.
5. Schmecken Sie die Guacamole mit Pfeffer, 2 Prisen Chilipulver, Kreuzkümmel und Salz ab.
6. Die Guacamole noch 30 Minuten durchziehen lassen und genießen.

138. Würziger veganer Meerrettich-Dip

Kalorien: 265 kcal | Fett: 26 g | Kohlenhydrate: 4 g | Eiweiß: 5 g

Zubereitungszeit: 10 min
Portionen: 2
Schwierigkeit: leicht

Zutaten:
- 1 EL Balsamico Essig
- 1 Kästchen Brunnenkresse
- 1 EL Bio-Zitronensaft
- 1 Bio-Avocado
- 1 Knoblauchzehe
- 1 TL frisch geriebener Meerrettich
- Pfeffer, Salz

Zubereitung:
1. In einem ersten Schritt die Avocado halbieren und den Kern entfernen. Beide Hälften schälen und zerkleinern. Vermengen Sie die Avocado mit dem Zitronensaft und dem Balsamico Essig. Alles gut miteinander verrühren und klein drücken.
2. Schälen Sie die Knoblauchzehe und pressen Sie mit dem Meerrettich zu der Avocado-Creme. Alles mit Pfeffer und Salz würzen und nach Belieben noch etwas Meerrettich hinzugeben.
3. Die Brunnenkresse vom Beet abschneiden und die Hälfte unter die Creme mengen. Den Rest über die Creme streuen.

Tipp: Dieser Dip passt wunderbar zu Kartoffeln oder Ofengemüse.

139. Würziger Rote-Bete-Dip

Kalorien: 420 kcal | Fett: 32 g | Kohlenhydrate: 18 g | Eiweiß: 10 g

Zubereitungszeit: 15 min
Portionen: 2
Schwierigkeit: leicht

Zutaten:
- 3 EL Bio-Zitronensaft
- 40 g getrocknete Tomaten (in Öl)
- 2 Bio-Knoblauchzehen
- Pfeffer, Meersalz
- 75 g Sesampaste (Tahin)
- 250 g vakuumierte, gegarte Rote Bete
- 1 EL geröstete Sesamsamen
- 1 EL Olivenöl
- 1 TL gemahlener Kreuzkümmel
- 1 EL gehackte Kräuter (Petersilie, Dill)

Zubereitung:
1. Zuerst die getrockneten Tomaten in Streifen schneiden und 10 Minuten in heißem Wasser einweichen. Die Rote Bete klein schneiden.
2. Schälen Sie die Knoblauchzehen und würfeln sie anschließend. Die Tomaten abtropfen lassen und etwas ausdrücken.
3. Geben Sie nun die Rote Bete mit dem Knoblauch und den Tomaten in eine Küchenmaschine. Mengen Sie den Zitronensaft, den Kreuzkümmel und die Tahin-Paste hinzu und pürieren alles fein.
4. Den Dip mit Pfeffer und Salz würzen und abschmecken. Noch 1 EL Olivenöl und je 1 EL der gehackten Kräuter hinzugeben und vermengen.
5. Zum Schluss noch die gerösteten Sesamsamen darüber geben und genießen.

140. Asiatische Mayo

Kalorien: 300 kcal | Fett: 32 g | Kohlenhydrate: 3 g | Eiweiß: 1 g

Zubereitungszeit: 10 min
Portionen: 2
Schwierigkeit: leicht

Zutaten:

- 2 EL ungesüßter Bio-Mandeldrink
- 1 TL Dijon-Senf
- 1 TL Balsamico Essig
- 1 Knoblauchzehe
- 1 Msp. gemahlener Kreuzkümmel
- 2 TL Bio-Limettensaft
- Salz, Pfeffer
- 2 EL gehacktes Koriandergrün
- 1 Spritzer Bio-Ahornsirup
- 60 ml Walnussöl

Zubereitung:

1. Zuerst die Knoblauchzehe schälen und würfeln. Den Mandeldrink zusammen mit dem Knoblauch, dem Balsamico Essig, dem Senf, 1 TL Limettensaft, dem Kreuzkümmel, 1 Prise Salz und Pfeffer in einen Rührbecher geben.
2. Das Walnussöl nach und nach hinzugeben und alles zu einer Creme pürieren.
3. Die Mayonnaise nun noch mit etwas Pfeffer, Salz, dem Ahornsirup und dem restlichen Limettensaft vermengen und abschmecken.
4. Geben Sie noch das Koriandergrün hinzu und stellen Sie die fertige Mayo mindestens 15 Minuten kalt.

141. Orientalisches Pesto

Kalorien: 360 kcal | Fett: 29 g | Kohlenhydrate: 19 g | Eiweiß: 4 g

Zubereitungszeit: 15 min
Portionen: 2
Schwierigkeit: leicht

Zutaten:
- 50 g getrocknete Tomaten (in Öl)
- 4 EL Walnussöl
- Pfeffer, Salz
- 50 g getrocknete, entstielte Feigen
- 1 EL Balsamico Essig
- 2 EL Pinienkerne
- 1 Bio-Knoblauchzehe
- 5 Stängel Basilikum

Zubereitung:
1. Schneiden Sie zuerst die Feigen und die getrockneten Tomaten in Würfel. Geben Sie die Würfel nun in eine Schüssel mit heißem Wasser und lassen alles für 30 Minuten einweichen.
2. Rösten Sie die Pinienkerne in der Zwischenzeit in einer Pfanne ohne Fett an. Anschließend herausnehmen und auskühlen lassen.
3. In einem dritten Schritt das Basilikum waschen und die Blätter abzupfen. Die Knoblauchzehe schälen und in Würfel schneiden.
4. Vermengen Sie den Knoblauch mit dem Balsamico Essig, den Tomaten, dem Walnussöl und den Feigen. Geben Sie alles in einen Multi-Zerkleinerer. Mit Pfeffer und Salz würzen und zu einem feinen Dip pürieren.

142. Vegane Frischkäse-Variation

Kalorien: 235 kcal | Fett: 13 g | Kohlenhydrate: 7 g | Eiweiß: 22 g

Zubereitungszeit: 10 min
Portionen: 1 Glas
Schwierigkeit: leicht

Zutaten:
- 1 TL Salz
- 250 g Tofu
- ½ Bund Dill und Petersilie
- 1 Bio-Knoblauchzehe
- Schwarzer Pfeffer

Zubereitung:
1. In einem ersten Schritt den Knoblauch schälen und klein schneiden. Den Tofu ebenfalls klein schneiden und zusammen mit dem Knoblauch in eine Küchenmaschine geben.
2. Waschen Sie die Kräuter und hacken diese etwas klein. Anschließend ebenfalls in die Küchenmaschine geben und alles fein pürieren.
3. Mit Pfeffer und Salz würzen und in ein Schraubglas füllen.

Tipp: Dieser vegane Frischkäsegenuss sollte immer im Kühlschrank aufbewahrt werden.

143. Schmackhafte Käsesauce

Kalorien: 185 kcal | Fett: 2 g | Kohlenhydrate: 29 g | Eiweiß: 11 g

Zubereitungszeit: 25 min
Portionen: 1 Glas
Schwierigkeit: leicht

Zutaten:
- 2 Bio-Knoblauchzehen
- 1 TL Salz
- 2 EL Hefeflocken
- Pfeffer
- 500 g Bio-Hokkaido-Kürbis

Zubereitung:
1. Widmen Sie sich zuerst dem Kürbis. Zuerst schälen, die Kerne entfernen und das Fruchtfleisch klein schneiden.
2. Den Kürbis nun in einen Topf mit Wasser geben und ihn für 10 Minuten blanchieren.
3. In der Zwischenzeit können Sie sich den Knoblauchzehen widmen und diese schälen und klein hacken.
4. Nachdem der Kürbis gar ist, diesen in eine Küchenmaschine geben und mit 100 ml Wasser übergießen. Hierfür können Sie auch das gerade verwendete Kochwasser benutzen. Geben Sie den Knoblauch, die Hefeflocken, Salz und Pfeffer hinzu und pürieren alles cremig. Nach und nach noch weitere 100 ml Wasser hinzugeben, bis eine gewünschte Konsistenz erreicht ist.
5. Nach Bedarf können Sie noch etwas nachwürzen oder Kräuter hinzugeben. Die Sauce bis zum Servieren im Kühlschrank aufbewahren und genießen!

144. Griechische Tsatsiki-Variation „Vegan Style"

Kalorien: 95 kcal | Fett: 7 g | Kohlenhydrate: 2 g | Eiweiß: 6 g

Zubereitungszeit: 10 min
Portionen: 4
Schwierigkeit: leicht

Zutaten:
- 4 EL Olivenöl
- 4 Bio-Knoblauchzehen
- 4 Spritzer Bio-Zitronensaft
- 1 kg Tofu
- 2 Bio-Salatgurken
- Salz, Pfeffer

Zubereitung:
1. Beginnen Sie damit, die Salatgurken zu waschen und klein zu raspeln. Streuen Sie etwas Salz darüber und lassen die Gurken für 10 Minuten ziehen.
2. Schneiden Sie den Tofu klein und geben ihn zusammen mit dem Olivenöl in eine Küchenmaschine. Alles zu einer glatten Creme verrühren. Die Gurken als nächstes ausdrücken und zu dem Tofu in die Küchenmaschine geben. Alles gründlich miteinander vermengen und kurz durchpürieren.
3. Schälen Sie in einem dritten Schritt den Knoblauch und pressen diesen aus. Geben Sie den Knoblauch ebenfalls zu dem Tofu hinzu und verrühren alles.
4. Zum Schluss mit Pfeffer und Salz würzen und den Zitronensaft hinzugeben.

145. Frischer Knoblauch-Bohnen-Dip

Kalorien: 175 kcal | Fett: 11 g | Kohlenhydrate: 12 g | Eiweiß: 6 g

Zubereitungszeit: **10 min**
Portionen: **4**
Schwierigkeit: **leicht**

Zutaten:
- 1 Bio-Knoblauchzehe
- 1 Dose weiße Riesenbohnen
- 3 EL Gemüsebrühe
- 1 Bio-Zitrone
- Pfeffer, Salz
- 4 EL Olivenöl

Zubereitung:

1. Lassen Sie zuerst die Bohnen in einem Sieb abtropfen und waschen diese kurz durch. Den Knoblauch schälen und klein hacken.

2. Waschen Sie die frische Bio-Zitrone heiß ab und reiben die Schale. Anschließend halbieren und den Saft auspressen.

3. Vermischen Sie nun die Hälfte des Zitronensafts mit dem Olivenöl. Vermengen Sie die Bohnen mit der Gemüsebrühe, dem übrigen Zitronensaft und dem Knoblauch. Geben Sie alles in einen Rührbecher und pürieren eine feine Creme darauf. Mit Pfeffer und Salz abschmecken.

4. Füllen Sie den frischen Dip nun in eine Schale und geben die Zitronenöl-Mischung und die abgeriebene Zitronenschale darüber.

146. Sommerlicher Brotaufstrich

Kalorien: 255 kcal | Fett: 3 g | Kohlenhydrate: 57 g | Eiweiß: 2 g

Zubereitungszeit: 20 min
Portionen: 1
Schwierigkeit: leicht

Zutaten:
- 30 ml Bio-Kokosmilch (Dose)
- 50 ml frisch gepresster Bio-Zitronensaft
- 2 EL stilles Mineralwasser
- 30 ml frisch gepresster Bio-Limettensaft
- 2 EL Mandelmus
- 30 ml frisch gepresster Blutorangensaft
- 200 g Rohrohrzucker
- 1 TL Speisestärke

Zubereitung:
1. Geben Sie zuerst die Kokosmilch zusammen mit dem Zucker, dem Mandelmus, dem Zitronen-, Orangen-, und Blutorangensaft in einen Topf und bringen alles zum Kochen.
2. Die Speisestärke mit dem Wasser verrühren und in den Topf einrühren.
3. Lassen Sie alles solange kochen, bis die Flüssigkeit um die Hälfte reduziert ist.
4. Den frischen Brotaufstrich können Sie nun von der Herdplatte nehmen und auskühlen lassen.

Tipp: Der Aufstrich hält sich im Kühlschrank einige Tage.

147. Veganer Nussaufstrich mit Schokoladennote

Kalorien: 75 kcal | Fett: 6 g | Kohlenhydrate: 3 g | Eiweiß: 2 g

Zubereitungszeit: 30 min
Portionen: 1 Glas
Schwierigkeit: leicht

Zutaten:
- 70 ml Haselnussöl
- 30 g Bio-Cashewkerne
- 40 g Rohrohrzucker
- 40 g Haselnüsse
- 3 EL Kakaopulver
- 40 g Pekannüsse
- ½ TL gemahlene Bourbon-Vanille
- 1 Prise Meersalz

Zubereitung:
1. In einem ersten Schritt die Cashewnüsse, die Haselnüsse und die Pekannüsse in einer Pfanne ohne Fett 10 Minuten anrösten. Anschließend abkühlen lassen.
2. Erhitzen Sie in einem Topf 150 ml Wasser und bringen darin den Zucker zum Kochen.
3. Geben Sie die abgekühlten Nüsse nun in einen Multi-Zerkleinerer und pürieren sie zu einem feinen Mus. Das Zuckerwasser nach und nach hinzugeben und nochmals pürieren.
4. Das Vanillemark, das Salz und das Haselnussöl vermengen und ebenfalls zu dem Mus geben. Nochmals gut durchpürieren.
5. Geben Sie die Masse in einen Topf und erwärmen alles. Zum Schluss das Kakaopulver untermengen und in einem Schraubglas kühl aufbewahren.

148. Exotischer Fruchtaufstrich

Kalorien: 205 kcal | Fett: 7 g | Kohlenhydrate: 32 g | Eiweiß: 3 g

Zubereitungszeit: 20 min
Portionen: 2
Schwierigkeit: leicht

Zutaten:
- 30 ml Soja Sahne
- 50 g Kokosraspeln
- 1 TL gemahlene Bourbon-Vanille
- 50 g Kokosblütenzucker
- 125 ml Bio-Mandeldrink, ungesüßt

Zubereitung:
1. In einem ersten Schritt die Mandelmilch in einen Topf geben und erhitzen.
2. Geben Sie nach und nach die Soja Sahne, die Bourbon-Vanille und den Kokosblütenzucker hinzu und lassen alles bei niedriger Hitze für 60 Minuten köcheln.
3. Zum Schluss noch die Kokosraspeln untermengen. Geben Sie den Aufstrich in ein Schraubglas und bewahren alles im Kühlschrank auf.

149. Beeren-Aufstrich

Kalorien: 100 kcal | Fett: 2 g | Kohlenhydrate: 16 g | Eiweiß: 2 g

Zubereitungszeit: 10 min
Portionen: 2
Schwierigkeit: leicht

Zutaten:
- 1 TL Vanillezucker
- 50 g getrocknete Feigen
- 100 g frische Bio-Erdbeeren

Zubereitung:
1. Widmen Sie sich als Erstes den Erdbeeren. Waschen und halbieren Sie diese und geben die Beeren in einen Rührbecher.
2. Die Feigen ebenfalls etwas klein schneiden. Noch den Vanillezucker hinzugeben und alles zu einer feinen Creme pürieren und genießen!

150. Mediterraner Aufstrich

Kalorien: 265 kcal | Fett: 21 g | Kohlenhydrate: 14 g | Eiweiß: 11 g

Zubereitungszeit: 10 min
Portionen: 1 Glas
Schwierigkeit: Leicht

Zutaten:
- 1 EL Haferflocken
- 150 g Bio-Cashewkerne
- 4 getrocknete Tomaten
- 1 Prise Meersalz
- 1 TL getrockneter Oregano
- 1 Prise Paprikapulver

Zubereitung:
1. Lassen Sie die Cashewkerne über Nacht in 100 ml Wasser einweichen.
2. Geben Sie am nächsten Tag die getrockneten Tomaten mit den Haferflocken, dem Salz, dem Oregano und dem Paprikapulver in eine Küchenmaschine.
3. Die eingeweichten Nüsse hinzugeben und alles zu einem Aufstrich pürieren.

Abschließende Worte

Herzlichen Dank, dass Sie sich für den Kauf und das Lesen dieses Buches entschieden haben. Wir hoffen sehr, dass wir Ihnen einen gelungenen Einstieg in die vegane Ernährung bieten konnten.

Es macht unglaublich viel Freude, gesund und abwechslungsreich zu essen: Spannende neue Geschmackserlebnisse, frische Gemüse- und Fruchtsorten in allen Regenbogenfarben, Getreidesorten wieder neu entdeckt und großartige Gewürze, die jedes Gericht veredeln machen die vegane Ernährung jeden Tag zu einem echten kulinarischen Highlight. Vegan ist keinesfalls einseitig, langweilig oder geschmacklos, im Gegenteil! Wir hoffen, dass Sie genau das an unserer breitgefächerten Rezept-Zusammenstellung gemerkt haben und wünschen Ihnen viel Freude beim Nachkochen der Gerichte. Achten Sie immer auf die richtige Nahrungsmittelauswahl! Essen Sie saisonal, regional und am besten in hoher Bio-Qualität. Ihr Körper und Ihre Gesundheit werden es Ihnen gewiss danken!

Wir wünschen Ihnen nun viel Freude mit diesem Buch und ein gutes Gelingen beim Nachkochen der Rezepte. Lassen Sie es sich schmecken, genießen Sie die große vegane Vielfalt und bleiben Sie gesund!
Wenn Sie dieses Buch gelesen haben und es Ihnen gefallen hat, dann teilen Sie bitte Ihre Meinung mit anderen und bewerten Sie dieses Buch auf Amazon. Das gibt auch uns ein wertvolles Feedback, was wir in Zukunft bei unseren Kochbüchern noch besser machen können.
Mit Ihrer Meinung helfen Sie außerdem anderen Lesern und ermöglichen noch mehr Menschen dieses Buch zu finden und den Grundstein für eine gesündere und nachhaltigere Ernährung zu legen.

Falls Sie auf der Suche nach weiteren Rezeptbüchern mit vielen wertvollen Informationen und neuen Rezepten sind, dann werfen Sie doch einmal einen Blick in das Kapitel „Weitere Kochbücher der Autorinnen" am Ende des Buches. Vielleicht ist ein passendes Buch für Sie dabei!

BONUS: 14 Tage Ernährungsplan

Eine neue Ernährungsweise ist immer am einfachsten durchführbar, wenn Sie einen Plan haben, an den Sie sich täglich wieder neu orientieren können.
So ein Plan bietet zahlreiche Vorteile. Sie bekommen ein Rhythmus in die neue Ernährung und können anhand von den hier vorgegebenen Strukturen Ihren eigenen Plan mit der Zeit entwickeln. Dieser Plan geht über 14 Tage, kann aber beliebig oft von Ihnen wiederholt werden. Der Plan beinhaltet pro Tag jeweils ein Rezept für Frühstück, Mittag- und Abendessen, sowie einen Snack, welchen Sie zwischendurch zu sich nehmen können.

Vielleicht waren Sie auch schon neugierig und haben sich den Plan angesehen. Dann wird Ihnen vielleicht aufgefallen sein, dass Sie hier Rezepte aus diesem Buch wiederfinden. Sie können die Rezepte natürlich nach Ihrem eigenen Geschmack zusammenstellen. Sehen Sie den Plan also wie eine Art Gerüst, das Ihnen bei den ersten Schritten in der Küche hilft. Wir wünschen Ihnen viel Erfolg!

	FRÜHSTÜCK	MITTAGESSEN	ABENDESSEN	SNACK
TAG 1	Rezept Nr. 5	Rezept Nr. 22	Rezept Nr. 80	Rezept Nr. 32
TAG 2	Rezept Nr. 8	Rezept Nr. 29	Rezept Nr. 66	Rezept Nr. 41
TAG 3	Rezept Nr. 7	Rezept Nr. 18	Rezept Nr. 73	Rezept Nr. 43
TAG 4	Rezept Nr. 14	Rezept Nr. 21	Rezept Nr. 116	Rezept Nr. 45
TAG 5	Rezept Nr. 15	Rezept Nr. 24	Rezept Nr. 78	Rezept Nr. 38
TAG 6	Rezept Nr. 10	Rezept Nr. 20	Rezept Nr. 106	Rezept Nr. 44
TAG 7	Rezept Nr. 6	Rezept Nr. 30	Rezept Nr. 122	Rezept Nr. 81
TAG 8	Rezept Nr. 2	Rezept Nr. 19	Rezept Nr. 69	Rezept Nr. 39
TAG 9	Rezept Nr. 13	Rezept Nr. 25	Rezept Nr. 72	Rezept Nr. 33
TAG 10	Rezept Nr. 11	Rezept Nr. 27	Rezept Nr. 68	Rezept Nr. 47
TAG 11	Rezept Nr. 4	Rezept Nr. 28	Rezept Nr. 108	Rezept Nr. 49
TAG 12	Rezept Nr. 3	Rezept Nr. 26	Rezept Nr. 70	Rezept Nr. 50
TAG 13	Rezept Nr. 12	Rezept Nr. 16	Rezept Nr. 126	Rezept Nr. 86
TAG 14	Rezept Nr. 1	Rezept Nr. 17	Rezept Nr. 130	Rezept Nr. 105

BONUS: Rezeptvorlagen zum Ausfüllen

Sie finden hier mehrere Rezeptvorlagen, die Sie für Ihre kreativen Rezepte nutzen können. Tragen Sie doch einfach Ihr Lieblingsrezept hier ein oder wie wäre es mit Ihrer eigenen „geheimen" Rezeptvariation, damit Sie diese nicht mehr vergessen?

Ihrer Kreativität sind keine Grenzen gesetzt. Wir wünschen Ihnen ein gutes Gelingen, viel Freude beim Experimentieren und natürlich eine ganz besondere kulinarische Sammlung, nämlich Ihre eigene!

Rezept: _____

Zubereitungszeit: _____   **Portionen:** ____

Zutaten:

- _____
- _____
- _____
- _____
- _____
- _____
- _____

- _____
- _____
- _____
- _____
- _____
- _____
- _____

Zubereitung:

_____
_____
_____
_____
_____
_____
_____
_____

Notizen:

_____
_____
_____
_____

Weitere Kochbücher der Autorinnen

Sind auch Sie auf der Suche nach weiteren Rezeptbüchern und Ratgebern mit vielen wertvollen Informationen? Dann empfehlen wir Ihnen auch unsere anderen Kochbücher! Tauchen Sie mit uns in die kulinarische Welt ein und entdecken Sie köstliche und gesunde Rezeptideen.

Unter jedem Taschenbuch finden Sie einen Link. Klicken Sie einfach auf diesen (beziehungsweise tippen Sie diesen in Ihren Browser ein), um direkt zur Verkaufsseite des Buches zu gelangen.

Eine gesunde, abwechslungsreiche und vor allem nähr- und vitalstoffreiche Ernährungsweise ist die absolute Basis für mehr Gesundheit und Wohlbefinden. Auch und gerade im Rahmen einer Intoleranz müssen die richtigen Ernährungsschwerpunkte gesetzt werden, damit zum einen der Körper ideal versorgt ist und zum anderen auch der Genuss nicht zu kurz kommt. Mit einem umfassenden Ernährungswissen und kreativen Rezepten sind Sie bestens für den Alltag gerüstet.

www.zumTb.de/b13

Ketogene Ernährung Kochbuch für Einsteiger und Berufstätige!: 150 leckere Rezepte für eine erfolgreiche Keto Diät. Schnell und gesund abnehmen mit Keto! Inkl. 14 Tage Ernährungsplan + Nährwertangaben
ISBN: 9798666805909

www.zumTb.de/b12

Vegetarisches & Veganes Kochbuch für Anfänger!: *300 Rezepte für eine gesunde vegetarische & vegane Ernährung. Das große 2 in 1 Buch für einen nachhaltigen Genuss ohne Fleisch! Mit großem Ratgeberteil*

ISBN: 9798558318449

www.zumTb.de/b11

Natürlich Veggie! – Vegetarisches Kochbuch für Anfänger: *150 vegetarische Rezepte für eine gesunde & ausgewogene Ernährung. Nachhaltiger Genuss ohne Fleisch! Inkl. Ernährungsratgeber & Ernährungsplan*

ISBN: 9798557816410

www.zumTb.de/b10

Mediterrane Küche Kochbuch – Schlemmen wie im Urlaub!: *150 leckere Rezepte für eine gesunde und ausgewogene Ernährung auf mediterrane Art. Inkl. Ernährungsratgeber zum Einstieg in die Mittelmeerküche*

ISBN: 9798679573857

www.zumTb.de/b9

Histaminintoleranz Kochbuch für Anfänger!: *150 abwechslungsreiche & gesunde Rezepte für mehr Lebensqualität & Wohlbefinden bei Histaminintoleranz. Inkl. Ernährungsratgeber & 14 Tage Ernährungsplan*

ISBN: 9798698997771

www.zumTb.de/b7

Histaminintoleranz | Fructoseintoleranz | Glutenintoleranz: 450 gesunde Rezepte für mehr Genuss und Lebensfreude im Alltag! Das große 3 in 1 Kochbuch der Intoleranzen. Inkl. Ernährungsratgeber

ISBN: 9798650844068

www.zumTb.de/b6

Glutenfrei Kochbuch für Anfänger!: 150 glutenfreie Rezepte für eine gesunde Ernährung ohne Dinkel, Weizen & Co. Brot & Backwaren genussvoll selber backen! Inkl. Einstieg in die glutenfreie Ernährung

ISBN: 9798656809467

www.zumTb.de/b5

Gesunde Ernährung: *150 schnelle & einfache Rezepte für Berufstätige & Anfänger. Kochbuch zum Abnehmen für effektive Fettverbrennung. Inkl. ausführlichem Ratgeber zum Einstieg in die gesunde Ernährung*

ISBN: 9798577113063

www.zumTb.de/b4

Gesunde Ernährung trotz Fructoseintoleranz!: *Kochbuch mit 150 gesunden & leckeren Rezepten für mehr Gesundheit & Wohlbefinden. Vitaminreicher Genuss trotz Unverträglichkeit! Inkl. Ernährungsratgeber*

ISBN: 9781712452820

www.zumTb.de/b3

5-Elemente-Kochbuch für Anfänger!: Gesund kochen nach der chinesischen Ernährungslehre mit 150 abwechslungsreichen & leckeren Rezepten. Inkl. Einführung in die Traditionelle Chinesische Medizin / TCM

ISBN: 9781702369374

www.zumTb.de/b2

Schlemmen trotz Histaminintoleranz: Kochbuch mit 150 abwechslungsreichen & gesunden Rezepten für eine bessere Lebensqualität bei Histaminintoleranz. Inkl. Ernährungsratgeber & 14 Tage Ernährungsplan

ISBN: 9781695332232

www.zumTb.de/b1

Vegetarisches Kochbuch: *150 schnelle & einfache Rezepte für eine gesunde vegetarische Ernährung. Unsere Veggie Lieblingsrezepte für eine fleischlose Ernährung. Inkl. Ernährungsplan + Nährwertangaben*

ISBN: 9798577980474

Notizen

Rechtliches

Urheberrecht

Alle Inhalte dieses Werkes sowie Informationen, Strategien und Tipps sind urheberrechtlich geschützt. Alle Rechte sind vorbehalten. Jeglicher Nachdruck oder jegliche Reproduktion – auch nur auszugsweise – in irgendeiner Form wie Fotokopie oder ähnlichen Verfahren, Einspeicherung, Verarbeitung, Vervielfältigung und Verbreitung mit Hilfe von elektronischen Systemen jeglicher Art (gesamt oder nur aus-zugsweise) ist ohne ausdrückliche schriftliche Genehmigung des Autors strengstens untersagt. Alle Übersetzungsrechte vorbehalten. Die Inhalte dürfen keinesfalls veröffentlicht werden. Bei Missachtung behält sich der Autor rechtliche Schritte vor.

Impressum

Herausgeber:

Carsten Webermann
Zum Höst 9
26670 Uplengen
Deutschland
E-Mail: kontakt@kitchenchampions.de

Covergestaltung: Fiverr
Coverbild: yarunivphoto | depositphotos.com

Piktogramme /Icons:
- www.flaticon.com

Copyright © 2020 – Kitchen Champions
Alle Rechte vorbehalten